2—

D0898577

PISTE 2

PISTE 6

SOMMAIRE

SOUVENIRS, SOUVENIRS...
CENT ANS DE CHANSON FRANÇAISE

Bertrand Bonnieux, Pascal Cordereix et Élizabeth Giuliani

DÉCOUVERTES GALLIMARD / BIBLIOTHÈQUE NATIONALE DE FRANCE
ARTS

« Une chanson, c'est peu de chose /
Mais quand ça se pose / Au creux d'une
oreille, ça reste là, / Allez savoir pourquoi /
Ça n'est souvent qu'une rengaine /
Mais ça se promène sur les joies, les peines /
Allez savoir, allez donc savoir pourquoi. »

Jean Broussolle, *Allez savoir pourquoi*

CHAPITRE 1

1900-1918 : DU CAF'CONC' AU MUSIC-HALL

Le cylindre et le disque sont devenus des produits largement commercialisés à la fin du XIXe siècle (ci-contre, phonographe de 1905). Aristide Bruant (à gauche, sur une affiche de Toulouse-Lautrec) est l'une des premières vedettes phonographiques. En 1906, il enregistre lui-même ses propres chansons sous le label Bruant.

La chanson française du XXᵉ siècle

Tous, nous avons en tête des paroles et des refrains de chansons qui nous émeuvent, nous amusent et nous accompagnent dans notre vie quotidienne, sociale ou intime. Certaines de ces chansons sont actuelles, d'autres ont traversé les générations, toujours vivantes dans notre mémoire collective. Ainsi la plupart d'entre nous pouvons fredonner quelques notes de *Malbrough s'en va-t-en guerre*, des *Feuilles mortes* ou de *Ne me quitte pas*. Mais si on cherche un nom de chanteur ou de chanteuse, nous sommes généralement incapables de donner des noms antérieurs à ceux d'Aristide Bruant ou d'Yvette Guilbert. Nous ne personnalisons la chanson, ses monstres sacrés, stars ou idoles, que depuis le XXᵉ siècle.

À cette mémoire récente, plusieurs raisons. La chanson a connu dans les dernières décennies du XIXᵉ et au XXᵉ siècle une indéniable révolution. Depuis le second Empire et la création de la Société des auteurs, compositeurs et éditeurs de musique (la Sacem), elle est considérée comme une œuvre de l'esprit qui vaut à ses créateurs la reconnaissance de droits. On ne recourt plus impunément aux mélodies connues pour « chansonner », divulguer de nouveaux textes, qui, à leur tour, seront détournés. Écrire ou interpréter des chansons est devenu un métier rémunéré qui a ses lieux d'exercice et ses professionnels.

Par ailleurs, grâce au phonographe pour le son et au cinématographe pour l'image, la chanson, comme tous les produits du spectacle vivant, peut être « fixée » dans une interprétation particulière. Celle-ci peut devenir la source unique, de référence, d'auditions démultipliées. Son

À l'Exposition universelle de 1900, la rue de Paris réunit les loisirs (affiche ci-dessous). Le public y est attiré par des spectacles vivants ou mécaniques. Trois cents phonographes à sous y sont à la disposition des visiteurs qui, pour 10 centimes, peuvent écouter une chanson.

MAYOL ET SA TROUPE

audience peut s'étendre, se populariser et construire
une demande pour l'offre d'un produit culturel
moderne : la chanson française du XXe siècle.

En 1900, quand l'Exposition universelle de Paris
ouvre hardiment un siècle voué au progrès,
la chanson puise ses racines dans deux types
de lieux et de spectacles : le caf'conc' et le cabaret.

Le caf'conc'

Des cafés-concerts existent depuis le XVIIIe siècle,
mais c'est l'Eldorado, boulevard de Strasbourg à Paris,
qui, à partir de 1858, inaugure une nouvelle forme
de spectacle dans lequel de nombreuses attractions,
courtes et variées, se succèdent et encadrent
une « tête d'affiche ». Cette formule s'impose
et inscrit la chanson dans l'ère des « variétés ».
Après l'Eldorado, beaucoup d'autres caf'conc'
voient le jour, parmi lesquels l'Alcazar, l'Alhambra,
le Ba-ta-clan, le Moulin Rouge, la Scala…

En 1910, Mayol, star
du caf'conc' au faîte
de sa gloire, achète
le Concert Parisien,
rebaptisé Concert
Mayol. Pour constituer
sa troupe, il engage
de jeunes artistes
qu'il a remarqués en
province, notamment
à l'Alcazar de Marseille.
Il est ainsi à l'origine
des débuts parisiens
de Valentin Sardou (le
grand-père de Michel),
d'Andrée Turcy,
et de Raimu
et Félicien Tramel
qui appartiendront
à la famille des acteurs
de Marcel Pagnol.

Dans les années 1870-1880, Thérésa est la première « star » du caf'conc' et la première vedette de la chanson tout court. Polin lui succède. Au début du XXe siècle, les deux étoiles du caf'conc' sont incontestablement Félix Mayol et Dranem. Le premier commence sa carrière parisienne en 1895 au Concert Parisien (qu'il rachètera en 1910). Avec *Viens Poupoule!* en 1905, il bat tous les records de vente de « petits formats », ces partitions peu coûteuses car imprimées sur un papier de médiocre qualité, et de très large diffusion. Mais Mayol est avant tout une figure de scène : œillet à la boutonnière, cheveux gominés en un incroyable toupet, il « joue » chacune de ses chansons, mimant un répertoire qui va de la romance à la fantaisie la plus pure.

Pantalon à carreaux trop court, chapeau mou trop petit, énorme nœud papillon, le costume de scène de Dranem ne le cède en rien à celui de Mayol. Remarquable de longévité – il occupe la scène de l'Eldorado de 1899 à 1920 –, Dranem retient avant tout l'attention par la nature de son répertoire. Le créateur de l'immortelle *Pétronille, tu sens la menthe* (sous-titrée « chanson idiote ») est en effet l'inventeur d'un style, musical mais aussi scénique,

Mayol accompagnait ses interprétations de déhanchements et d'entrechats. Marcel Proust fait dire à son personnage, le baron de Charlus : « Je n'aime pas Mayol. Il a un genre efféminé qui me déplaît horriblement. » Ci-dessous, Dranem (anagramme de Ménard), dont le génie comique est reconnu en 1910 par le metteur en scène André Antoine qui lui confie le rôle de Sganarelle du *Médecin malgré lui.*

où « l'ineptie le dispute à l'absurdité ». Cet humour, volontairement au degré zéro, lui vaudra d'être la coqueluche des surréalistes et de nombre d'intellectuels et d'écrivains au rang desquels Paul Léautaud, Raymond Queneau ou encore Boris Vian.

À travers les figures de Félix Mayol, de Dranem et de leurs répertoires, se dessinent les caractéristiques du caf'conc'. Lieu de pur divertissement – abstraction faite des mondains venus s'encanailler –, où l'entrée est libre (à condition de consommer, d'où le « caf' »

Café-concert ouvert par Arsène Goubert en 1858, au 10, rue du Faubourg-Poissonnière, l'Alcazar d'hiver (affiche ci-contre) doit son succès à Thérésa, la première véritable vedette de la chanson. Un public très nombreux et varié s'y précipite quand elle y tient l'affiche, de 1864 à 1867, et quand elle y revient en 1883. Mais dès la fin du XIXᵉ siècle, l'établissement perd de sa notoriété et est démoli en 1902. En 1861, le même Goubert lance, sur les Champs-Élysées, un Alcazar d'été où l'on peut, aux beaux jours, retrouver les artistes qu'on a applaudis sur diverses scènes parisiennes pendant le reste de l'année et profiter des jardins. Les cafés-concerts rivalisent d'appellations tentatrices par leurs connotations exotiques : orientales (Ba-ta-clan, Divan japonais); mauresques (Alhambra, Alcazar); latines (Scala, Eldorado), quand les cabarets signalent leur anticonformisme par des noms volontiers absurdes et triviaux : Chat noir, Lapin agile ou Lapin à Gill, les Quat'z-Arts. Les music-halls, eux, s'affirment explicitement comme lieux des plaisirs : Gaîtés, Folies, Casino…

de caf'conc'), il s'adresse avant tout à un public populaire : employés, boutiquiers, cousettes, provinciaux de passage à Paris..., désireux d'oublier les soucis du travail et de la vie quotidienne.

Le cabaret

Tout autre est la vocation du cabaret. Puisant son origine dans les « sociétés chansonnières » du XVIIIe siècle, le cabaret prend forme à la fin du XIXe siècle, dans la continuité du « club des Hydropathes » d'Émile Goudeau. De 1878 à 1880, ce club littéraire et artistique s'était produit en public dans les cafés du Quartier latin et comptait au nombre de ses membres Alphonse Allais, Charles Cros, Guy de Maupassant, André Gill et, parfois, Sarah Bernhardt. Et lorsque le même Goudeau, journaliste le jour et poète la nuit, préside à la programmation

du cabaret le Chat noir que fonde Rodolphe Salis en 1881, l'image du cabaret montmartrois est ainsi définitivement fixée.

Le cabaret s'adresse à un public plus restreint que le caf'conc', ne serait-ce que par la dimension des salles : cent cinquante places au Quat'z-Arts pour mille cinq cents à l'Alcazar. Mais un public divers et anticonformiste : artistes, peintres, musiciens, journalistes et noctambules de tout genre, qui y prise la chanson à texte, dans une formule instrumentale minimaliste (un piano en règle générale), à l'opposé de la débauche orchestrale, de costumes, de lumières... du caf'conc'.

Sigmund Freud, venu en 1889 à Paris pour le premier congrès sur l'hypnose, découvre Yvette Guilbert (ci-dessous) et devient par la suite l'un de ses fidèles spectateurs. À l'époque elle se faisait remarquer dans un répertoire licencieux. À son mari, Max Schiller, Freud écrit en 1931 : « Vous me ferez maintenant remarquer que Madame Yvette ne joue pas toujours le même rôle, qu'elle incarne avec la même maîtrise toutes sortes de personnages : des saints, des pécheurs, des coquettes, des femmes vertueuses, des criminelles et des ingénues. C'est vrai et cela témoigne d'un psychisme extraordinairement riche et d'une grande faculté d'adaptation. »

CABARET DES QUAT'Z-ARTS
62, Boulevard de Clichy, 62
1907
Téléphone 547-39

Aux côtés du Lapin à Gill ou du Quat'z-Arts, le Chat noir est probablement resté le cabaret de Montmartre le plus célèbre. Racheté par Aristide Bruant en 1885, il devient le Mirliton, où Bruant prend l'habitude de rudoyer un public qui en redemande. Car nul plus qu'Aristide Bruant ne s'identifie au cabaret montmartrois. Bourgeois populiste un rien démagogue, homme d'affaires avisé qui confie à Toulouse-Lautrec le soin de faire la promotion de son cabaret par ses affiches et qui crée sa propre maison d'édition pour la vente de ses partitions et de ses disques, Bruant n'en reste pas moins un auteur-compositeur-interprète majeur dans l'histoire de la chanson en France. De *Nini peau de chien* au *Chat noir*, en passant par *À la Bastille*, ses pièces de folklore urbain font date.

Autre personnalité de la scène immortalisée par Toulouse-Lautrec, Yvette Guilbert, créatrice dans les années 1890 du *Fiacre* ou de *Madame Arthur*, a abandonné son répertoire éminemment grivois pour se consacrer à la renaissance des vieilles chansons françaises. Figure atypique de la chanson de l'époque,

Le Quat'z-Arts, cabaret du boulevard de Clichy, est baptisé ainsi en référence au Bal des quat'z-arts, lieu de dépravation bien connu.

TOUS LES SOIRS

BRUANT

AU

MIRLITON

—

BOCK

13 SOUS

elle se produit aussi bien dans les caf'conc' que dans les cercles littéraires, phénomène suffisamment rare pour être souligné.

Le music-hall

Le caf'conc' et le cabaret sont les deux cadres principaux où s'exprime la chanson au début du XXe siècle, mais une autre forme apparaît : le music-hall. Dans son fonctionnement, celui-ci est très proche du théâtre. La scène et la salle y sont clairement séparées. Dans la salle, les tables ont disparu au profit de rangées de sièges, et il est interdit d'y boire ou d'y fumer. Le spectateur, qui paie son entrée, concentre toute son attention sur la scène où se succèdent des équilibristes, des montreurs d'animaux, des danseurs et des chanteurs. Bientôt, on réunit ces prestations disparates par un élément fédérateur, un événement, un style musical à la mode : c'est la « revue ». Le premier music-hall, l'Olympia, est créé en 1893, boulevard des Capucines.

Si le cabaret ne pâtit pas de la Première Guerre mondiale, et se déplacera après 1945 sur la rive gauche de la Seine, le caf'conc', lui, n'y survivra pas, définitivement supplanté par le music-hall.

L'industrie de la chanson

La diffusion de la chanson connaît d'ailleurs d'autres évolutions. Ainsi, parallèlement à l'édition de partitions en petits formats, l'enregistrement phonographique, sous forme de cylindres ou de disques plats, est devenu une industrie. En 1904, par exemple, le catalogue de la firme Pathé propose près de douze mille titres (tous genres confondus) sur cylindres. Quant au cinématographe, il expérimente

L'Olympia, doyen des music-halls parisiens, est construit sur l'emplacement de montagnes russes par Joseph Oller, qui impose en même temps le terme anglo-saxon de *music hall*. Il est inauguré en 1893 par la Goulue, célèbre artiste de Montmartre. Dans les années suivantes, le nombre de salles de spectacle se multipliant, chacune fait sa promotion en éditant des affiches illustrées, certaines par des artistes célèbres, comme Toulouse-Lautrec ou Steinlen.

déjà des méthodes de sonorisation pour synchroniser l'image et la voix de chanteurs célèbres. Ainsi Mayol est-il la vedette d'une dizaine de « phonoscènes » (ancêtres du clip en quelque sorte) réalisées en 1906 par Gaumont où il interprète ses plus grands succès. Quand on sait que plusieurs centaines de milliers de petits formats d'une chanson à succès peuvent être vendus, on mesure à quel point la chanson devient un enjeu économique.

La presse traduit bien ce phénomène avec la création de magazines grand public consacrés à la chanson.

En 1894, les frères Pathé, « Émile le discobole et Charles le bourreur d'écran », importent le phonographe, puis, à partir de 1900, le fabriquent. Ils fondent la Compagnie des établissements Pathé Frères et entreprennent l'édition de cylindres et, à partir de 1906, de disques. Entre-temps, en 1899, Charles Pathé se lance dans la production de films et compte plus de cinq cents titres à son catalogue en 1903.

Richement illustré, l'hebdomadaire *Paris qui chante*, fondé en 1903, en est l'exemple type.

Le répertoire de la chanson, reflet d'une société en pleine évolution

La fin du XIXᵉ siècle et le début du XXᵉ siècle sont dominés par la foi dans le progrès technique. Du palais de l'Électricité illuminant la nuit parisienne au trottoir roulant électrique, l'Exposition universelle de 1900 célèbre la fée Électricité sous toutes ses formes. La chanson s'est évidemment emparée de cette thématique souvent pour la tourner en dérision. Dans son personnage du « tourlourou », soldat niais débarqué de son village, Polin découvre *Le Trottoir de l'Exposition* ou *Un voyage en métro*, Boucot *Le Téléphone*, ou Victor Lejal *La Vie moderne*… Le filon est inépuisable.

Mais la vision positiviste d'un bonheur partagé par tous grâce aux progrès techniques se heurte à des réalités beaucoup moins souriantes : la misère, la prostitution ou encore l'alcoolisme. Eugénie Buffet crée ainsi le personnage de la « pierreuse », la fille de mauvaise vie qui préfigure les chanteuses « réalistes » des années 1920-1930. Et pour oublier les difficultés de l'époque, on écoute des romances comme *Frou-frou*, *La Valse brune* ; on pleure à l'audition de mélodrames telle *L'Hirondelle du faubourg*. Enfin, un capitalisme résolu, exploitant les ouvriers et les paysans, autant qu'une tradition

◆ GASTON COUTÉ ◆

L'un est de droite, Théodore Botrel (ci-dessus), auteur et éditeur de « bonnes » chansons pseudo-folkloriques, de chants patriotiques, de prières, de mélodrames édifiants. L'autre, Gaston Couté (ci-contre, à gauche), proche des mouvements anarchistes, « allait chantant les gueux des villes et des champs, dans son jargon savoureux, avec son inimitable accent du terroir » (Victor Méric). Mais tous deux se plaisent à revêtir le costume régional, breton ou beauceron, et s'accordent pour prendre le contre-pied de la chanson facile et souvent vulgaire qui est celle du café-concert et du music-hall.

protestataire bien établie sont des terrains propices à l'expression d'une chanson contestataire, voire révolutionnaire. Le Beauceron Gaston Couté ou la Muse rouge (« groupe des poètes et chansonniers révolutionnaires ») autour de Maurice Doublier en sont les figures les plus authentiques. Beaucoup plus opportuniste et populiste apparaît Gaston Montéhus. Anarchiste avant 1914, le créateur de *La Grève des mères* en 1905 (qui lui vaut d'être condamné pour incitation à l'avortement) et de *Gloire au 17e !*, où il salue le refus du 17e régiment d'infanterie de tirer sur des viticulteurs révoltés en 1907, vire patriote revanchard pendant la guerre avant de redevenir pacifiste après 1918.

Le personnage du conscrit ridicule avait déjà été incarné par Ouvrard père, mais Polin (couverture de partition ci-dessous) accentue le comique par son impassibilité même, ânonnant ses refrains, immobile, avec pour seul accessoire un mouchoir à carreaux rouges. Fernandel, Raimu, Bach et tous les comiques troupiers seront ses émules.

Réponse inverse aux mutations de la société, une idéologie conservatrice prône le repli sur soi, le retour à des valeurs sécurisantes comme les racines, la terre… Théodore Botrel est l'une des figures marquantes de ce mouvement. Après avoir connu le succès grâce à *La Paimpolaise* popularisée par Mayol (le même Mayol fait connaître *La Chanson d'un gâs qui a mal tourné* de… l'anarchiste Gaston Couté), Botrel pousse jusqu'à la caricature les stéréotypes de l'identité bretonne ou de la chouannerie vendéenne (*Le Mouchoir rouge de Cholet*).

Chantée par **VANYLL** à la Cigale, René **RAOULT** au Petit Casino **FRÉJOL** à la Gaîté Rochechouart, **DUVAL** à Ba-ta clan **JUL-HIEN, TILLY** **MORAIZE, RENÉVIAL, CROIDEL, JANOU, MENTOR, LECONTE, DEGUERRE**

Un Voyage en Métro

Chansonnette

Créée par

POLIN

à l'Alcazar d'Été

Piano : 5f
Petit format : 1f

Paroles et Musique de

RIMBAULT, ARNOULD **DESMARETS et MÉROT**

Paris, Le Tourlourou / Eugène RIMBAULT en dépôt, 1, Rue d'Enghien

1903

Le regard sur l'étranger

Les cartes postales figées de Théodore Botrel en barde breton, « étranger » de l'intérieur, rejoignent d'autres images « exotiques » emblématiques

de la IIIᵉ République, celles des colonies. La France est un empire, et les populations coloniales inspirent un répertoire faussement naïf, mais réellement raciste. De *À la cabane bambou* interprétée par Mayol aux *Bat' d'Af.* de Bruant, le « nègre », la « mousmée » sont des figures caricaturales qui peuplent un imaginaire sûr de son bon droit.

Au chapitre des relations internationales qui stimulent l'imagination chansonnière, figure aussi, signée en 1904, l'Entente cordiale avec l'Angleterre. Elle va jusqu'à donner naissance à un style, le « genre anglais », immortalisé par Fragson. S'accompagnant au piano, son chant syncopé est l'un des premiers à exprimer l'influence des chanteurs noirs américains et du ragtime. Il est le créateur d'immenses succès comme *À la Martinique* ou *Si tu veux Marguerite*.

« Moi, bon nègre tout noir, tout noir / De la tête aux pieds, si vous voulez voir / Venu à Paris, pensant rigoler ; / Mais moi bien trompé, toujours m'ennuyer, / […] Vouloir retourner chez nous. / À la cabane bambou bambou, / À la cabane bambou you ! » Mayol commente : « Heureusement qu'aucune tribu nègre ne s'est avisée de nous chercher noise à la suite de *La Cabane bambou*, que nul Éthiopien ne s'est imaginé que Marinier et moi pouvions nourrir de noirs desseins à l'égard de sa pigmentation ou même de son habitat ».

La chanson cocardière

Lorsque commence la guerre en 1914, il y a longtemps que la chanson a préparé les esprits au conflit. En effet, le traumatisme de la perte de l'Alsace et de la Lorraine après la défaite de 1870, la haine du « boche », sont à l'origine

d'un genre : la chanson revancharde.
À l'image du monologue de Louis
Bousquet interprété par Bach, *Pauvre
Boche ou bourgois tonc on n'aime bas
les boches?*, on ne compte pas les
chansons qui reviennent sur ce thème.

Mais un titre va devenir l'hymne des
poilus de la Grande Guerre. Composée
par Louis Bousquet et Camille Robert, *Quand
Madelon* est créée dans l'indifférence générale
au printemps 1914. Reprise par Bach, elle devient
un immense succès dans les tranchées comme
dans les camps de prisonniers. Elle est traduite
dans la plupart des langues des armées alliées
(anglais, américain, danois, polonais, espagnol).
Tenant de la chanson à boire et de la marche,
deux styles musicaux qui sont familiers aux soldats,
elle aborde discrètement mais explicitement
les rêves de campagne, d'alcool et de femme, qui
habitent leur solitude affective et leur frustration
sexuelle.

Bousquet et Bach sont à l'origine d'un autre
succès colossal : *Avec Bidasse*, qui appartient
au répertoire du comique troupier. Ce genre est
largement antérieur à la guerre de 1914-1918.
La paternité en revient à Ouvrard père en 1877
qui s'était produit sur scène en uniforme à partir de
1891. Le succès avait été immédiat et considérable,
le public plébiscitant l'image du pioupiou niaiseux,
naïf, alignant bourde sur bourde. Polin en amplifie
le succès et devient lui-même une des plus grandes
vedettes de la Belle Époque. Fragson, lui, clame
En avant les p'tits gars !

Toujours proche
du soldat, s'active
une vivandière. Figure
littéraire (Victor Hugo,
Quatre-Vingt-Treize ;
Stendhal, *La Chartreuse
de Parme*) ou lyrique
(chez Donizetti, Verdi,
Benjamin Godard), elle
affirme : « Je vends, je
donne et bois gaîment /
Mon vin et mon
rogomme / J'ai le pied
leste et l'œil malin »
(Catin, dans *La
Vivandière* de Béranger,
1817). Prénommée
Madelon depuis
la guerre de 1914,
elle reste attachée aux
fantasmes militaristes.

À l'arrière, on s'attache à soutenir le moral des troupes. Les caf'conc' comme le Concert Mayol ou le Ba-ta-clan mettent à l'affiche des revues aux titres évocateurs : *Des bleuets, du muguet, des coquelicots* ou encore *Grignotons-les,* pendant que *Tu l'reverras Paname* maintient l'espoir du retour.

À l'arrière, le mot d'ordre est le réconfort des populations (ci-dessous, caricature dans laquelle les Folies-Bergère osent même enrôler Marianne pour émoustiller un poilu et l'inviter à la revue qu'elles programment en 1916). Des biscuits se font valoir par le nom de « Piou-Piou » et un conditionnement présentant la silhouette de Polin sur fond tricolore. Des cartes postales, gaiement colorées, diffusent une vision idyllique du soldat en campagne.

La faible voix du pacifisme

L'union sacrée impose cette vision guerrière et triomphaliste. Rares sont les voix à s'élever en faveur de la paix, et quand bien même elles voudraient le faire, la censure veille au grain. Tant bien que mal, les chansonniers anarchisants de la Muse rouge éditent poèmes et chansons antimilitaristes, qui à Genève, qui en province…

L'écart se creuse entre l'arrière et les tranchées. Certains chansonniers, mandatés par le ministère de la Guerre, vont soutenir le moral des troupes dans les cantonnements et les hôpitaux, ainsi Théodore Botrel « pour y dire et chanter aux troupes ses poèmes patriotiques » ou Lucien Boyer qui, en 1918, publiera *La Chanson des poilus*, « recueil de chansons et poèmes dits par l'Auteur en France et en Macédoine aux Armées de la République ». Ce répertoire cocardier, qui ne reflète en rien leur souffrance et leur détresse sur le front, ne semble pas être apprécié des soldats. Pour garder le moral,

ceux-ci remplissent des cahiers dans lesquels ils consignent les paroles de leurs chansons favorites, celles « d'avant » : *Frou-frou*, *La Valse brune*…

Mais le conflit s'enlisant, les chansons des poilus virent à la satire, détournant des airs connus ou des mélodies traditionnelles pour y couler des textes acerbes. En 1917, le désespoir conduit à la composition de chansons qui sont autant d'incitations très explicites à la mutinerie. C'est le cas de la célèbre *Chanson de Craonne* (sur l'air de *Bonsoir, m'amour* d'Adémar Sablon, le père de Jean et de Germaine Sablon). Son auteur est – heureusement pour lui – resté anonyme, et fut recherché sur toutes les lignes de front par l'état-major qui alla jusqu'à offrir 1 million de francs-or à qui le dénoncerait. *La Chanson de Craonne* est recueillie sur le terrain par Paul Vaillant-Couturier qui la publie en 1919 sous le titre de *Chanson de Lorette* : « Ceux qu'ont le pognon, ceux-là reviendront / Car c'est pour eux qu'on crève / Mais c'est fini, nous les troufions / On va se mettr' en grève / Ce sera votre tour messieurs les gros / De monter sur le plateau / Si vous voulez encore la guerre / Payez-la d'votre peau. »

La chanson *Le Cri du poilu*, paroles et musique de Vincent Scotto (carte postale ci-dessous), proclame : « Nos poilus qui sont au front / Qu'est c'qui leur faut comme distraction ? / Une femme, une femme !

Le Cri Du Poilu — Paroles et musique de Vincent Scotto

[…] / Sapristi pour calmer leurs nerfs / S'il leur arrivait comme dessert / Une femme, une femme ! »

« Le finale de la première partie faisait
feu d'artifice sur la scène : les vedettes
revenaient entre les girls, les danseurs
à petites vestes courtes, les robes pailletées...
L'orchestre envoyait des baisers sonores,
et entraînait de plus en plus vite les acteurs
trépidants répétant à l'envi leurs gestes
parallèles, croisant les bras et entrechoquant
leurs genoux en mesure. »

Louis Aragon, *Aurélien*, 1945

CHAPITRE 2

1918-1939 : LES ANNÉES SWING

Le microphone, qui permet d'amplifier le son, est utilisé dès 1925 pour l'enregistrement des disques et à la radio (ci-contre, un modèle de 1932). Sur scène, les artistes de revues (à gauche, Joséphine Baker) continuent à se produire sans moyen d'amplification. En récital, l'interprète, plus statique, peut chanter devant un micro.

Le 11 novembre 1918, l'armistice met fin à un conflit qui a coûté à la France 1 400 000 morts et autant de blessés. Le lendemain, aux Bouffes-Parisiens – ce théâtre associé aux succès d'Offenbach –, triomphe *Phi-Phi* d'Henri Christiné et Albert Willemetz. Parmi les spectateurs : Anna de Noailles, Henri Bergson, Maurice Chevalier, Félix Mayol… Cette fantaisie néo-grecque, qui met en scène les relations coquines du sculpteur Phidias et de ses modèles, bénéficie d'un goût confirmé, depuis *La Belle Hélène* et *Orphée aux Enfers*, pour les parodies mythologiques. Le modèle musical sur lequel on ironise a changé, ce n'est plus le grand opéra mais la chanson et la danse mondaine. De *Phi-Phi*, la chanson *C'est une gamine charmante* connaît immédiatement le succès. Christiné et Willemetz vont bien vite ceindre de nouveaux lauriers pour l'opérette *Dédé*.

Triomphe de l'opérette, du music-hall et de la revue

Les chansons envahissent le théâtre de boulevard grâce au regain de l'opérette. Ce genre, comme ses ancêtres le vaudeville et l'opéra-comique, agrémente l'intrigue de couplets chantés et se moque volontiers des « grandes » formes du théâtre et de la musique. Il profite de l'évolution des mœurs pour accentuer sa désinvolture jusqu'à la grivoiserie. Le music-hall, lui, a définitivement détrôné le caf'conc' et la revue y triomphe. Chaque année, une thématique fantaisiste, liée à l'actualité, sert de prétexte à déployer décors et costumes pittoresques, en une suite disparate de chansons, danses, petites comédies. Ces spectacles montés par des professionnels – Henri Varna au Casino de Paris, Francis Salabert au Moulin Rouge – font appel à des auteurs reconnus : Willemetz et Christiné, mais aussi Maurice Yvain, Lucien Boyer et Vincent Scotto.

Le goût du jour est à l'opérette marseillaise, découverte à Paris en 1932 avec *La Revue*

Quintessence de la « petite femme de Paris », Mistinguett (ci-dessus, photographiée sur la couverture de la partition *Ça… c'est Paris*) est associée à tous les stéréotypes de la frivolité française des Années folles : « trucs en plumes » grands boulevards, Champs-Élysées, Montmartre et la Seine. « Paris, c'est une blonde / Qui plaît à tout le monde / Le nez retroussé, l'air moqueur, / Les yeux toujours rieurs. »

'EST PARIS !

marseillaise menée par Alibert. Des galéjades échangées avec l'accent de la Canebière entre compères vêtus de blanc séduisent le public parisien.

L'esprit de Broadway souffle aussi sur la France. On s'entiche du fox-trot et du charleston. Au Casino de Paris, Mistinguett triomphe dans la revue de 1920, *Paris qui jazz*, avec *Mon homme*. Dans *Ça... c'est Paris*, donnée au Moulin Rouge en 1926 – toujours avec Mistinguett en vedette qui chante *Paris, c'est une blonde* –, le clou du spectacle est le numéro des Jackson Girls *Charleston Charleston, show me the way*.

Autre tête d'affiche, le partenaire devenu rival de la Miss, Maurice Chevalier. Il crée *Dans la vie faut pas s'en faire* en 1921, *Valentine* en 1925 et bénéficie du succès de l'opérette *Dédé*. Son accent parisien et sa dégaine élégante mâtinée de vulgarité plaisent même à Hollywood, où il s'installe en 1928, à l'aube du cinéma parlant. Auréolé de cette carrière américaine, il revient en France, en 1935, en étoile des revues du Casino de Paris. De cette époque datent quelques-unes de ses plus fameuses chansons, dont *Prosper* (1935), *Ma pomme* (1936) jusqu'à *Ça fait d'excellents Français* en 1939, à l'aube de la Seconde Guerre mondiale.

Dès son retour de la guerre, en 1916, Maurice Chevalier adopte sa tenue de scène qu'il complète d'un accessoire devenu emblématique, le canotier. Il choisit ainsi le couvre-chef associé, depuis les impressionnistes, aux loisirs populaires et estivaux.

Tour à tour danseuse acrobatique, meneuse de revue, à la voix rauque et à l'accent parisien, et comédienne, de ses débuts, en 1885, au Trianon-Concert jusqu'à sa dernière revue, en 1949, à l'ABC, « la Miss » aura revêtu tous les costumes possibles, des plus loqueteux aux plus luxueux. Directrice artistique du Moulin Rouge de 1925 à 1929, elle dirigea même l'atelier de costumes de l'établissement. À la ville, elle fut aussi le mannequin privilégié de couturiers en vogue ou d'artisans du luxe : parfums, automobiles… En 1933, pour sa rentrée aux Folies-Bergère, Albert Willemetz a composé pour elle cet exact autoportrait, *C'est vrai* : « On dit que j'aime les aigrettes / Les plumes et les toilettes / C'est vrai / On dit que j'ai la voix qui traîne / En chantant mes rengaines / C'est vrai / On dit que j'ai l'nez en trompette / Mais j'serais pas Mistinguett / Si j'étais pas comm' ça ! / On dit que j'ai de grandes quenottes / Que je n'ai que trois notes / C'est vrai / On dit que j'fais voir mes gambettes / Mais je s'rais pas Mistinguett / Si j'étais pas comm' ça ! »

Le cabaret : lieu d'avant-garde et d'éclectisme

Loin de la frivolité souvent grivoise des chansons
de revues, se développe une chanson exigeante,
qui plaît en particulier aux artistes, écrivains
et musiciens.

En 1922, à l'initiative de Jean
Cocteau, ouvre le Bœuf sur le
toit où cohabitent, collaborent
même, poètes, musiciens,
chanteurs à la personnalité
marquée. Marianne Oswald,
venue du cabaret berlinois,
chassée d'Allemagne par
l'arrivée des nazis, y interprète
les chansons de Bertolt Brecht
et Kurt Weill. Sa chevelure
rousse, sa voix rauque et son
accent germanique inspirent
Jean Cocteau, qui lui écrit des
« chansons parlées » : *La Dame
de Monte-Carlo* (1936), et
Jacques Prévert : *Embrasse-moi*
(1935), *Chasse à l'enfant*
(1936), *Les Bruits de la nuit*
(1937). Venue du théâtre des
Pitoëff, Agnès Capri, amie de
Nizan, Aragon, Derain et Max Ernst, fait ses débuts
musicaux au Bœuf sur le toit en 1936 avec un
répertoire de monologues, de poèmes et de chansons
teintés de surréalisme.

Marianne Oswald
(ci-dessous, au Bœuf
sur le toit en 1934),
chevelure flamboyante
et robe pourpre,
voix prenante et
jeu de scène théâtral,
introduit
l'expressionnisme
allemand dans la
chanson française.
En cette même année
1934, avec *Anna
la bonne* que lui écrit
Jean Cocteau, elle
aborde crûment le rôle
d'une domestique
meurtrière.
Cette chanson est
directement inspirée
par le fait divers
des sœurs Papin, qui,
en 1933, ont massacré
leurs patronnes.
Marianne Oswald
ouvre la voie à
la chanson rive-gauche.

La radio et le microphone au service de la chanson

Les progrès techniques ont des conséquences
directes sur les médias « audiovisuels ». Avec
la radio, le disque et le cinéma, se mettent en place
les circuits modernes de diffusion de la chanson.

Après le premier concert relayé depuis la tour
Eiffel le 22 juin 1921, la station Radiola diffuse,
le 6 novembre 1922, une première émission régulière
présentée par un speaker sous le pseudonyme de
Radiolo (Marcel Laporte). En une dizaine d'années,
les postes récepteurs de radio se multiplient, offrant

ainsi des possibilités nouvelles de promotion et de débouchés au marché du disque limité jusque-là aux propriétaires de phonographes. En 1934, on compte quatorze stations d'État et douze radios privées ; en 1938, plus de cinq millions de postes sont déclarés.

En mars 1925, Columbia et Victor commercialisent des enregistrements réalisés par un procédé nouveau. La prise de son se fait à travers un microphone qui convertit et amplifie le signal acoustique émis en onde électrique. En 1928, la technologie électrique se perfectionne : la tête de lecture, aiguille ou saphir, du phonographe est équipée à son tour d'un dispositif microphonique (le *pick-up*). Le courant électrique actionne un haut-parleur (mot figurant dans le dictionnaire de l'Académie française dès 1925 !). Un grand prix du Disque est inauguré en 1931 par l'hebdomadaire *Candide* où exerce le critique musical Émile Vuillermoz.

Les industriels du disque cherchent des idées pratiques pour pénétrer les foyers. Des meubles compacts, souvent en Bakélite, associent un poste de radio et un phonographe qui utilisent un même haut-parleur. À partir de 1920, les phonos portables, « phonos valise », qui peuvent renfermer un magasin à disques, sont très prisés. Les firmes phonographiques distinguent leurs produits par des logos. Le chien écoutant sortir du pavillon la « Voix de son Maître », propriété de la Gramophone depuis 1907, orne des enregistrements d'origine Pathé, quand, en 1931, cette entreprise rejoint le groupe EMI (Electric and Musical Industries). Ci-dessus, publicité pour l'émission de radio Radiola.

VOUS NE TIREREZ LA QUINTESSENCE DE VOS DISQUES QUE SUR LES NOUVEAUX

APPAREILS "La Voix de son Maître"

La « révolution » du 78-tours et du film chantant

En quelques années, le disque va offrir à l'industrie de la chanson un complément considérable aux recettes des spectacles et aux ventes de partitions imprimées. Les interprètes de l'avant-guerre tels Yvette Guilbert, Dranem, Montéhus..., conquis par ce nouveau média, enregistrent leurs succès d'antan.

L'invention du microphone influence aussi l'esthétique musicale. On calibre désormais la chanson à la durée d'une face de disque 78-tours : entre 2 et 3 minutes. À la voix « placée » et projetée pour emplir un vaste espace, on peut substituer une émission vocale naturelle et douce. Comme les crooners américains, Jean Sablon, le premier, fait merveille dans ce « chant de micro », intimiste.

Enfin, le cinéma devient parlant à partir de 1927. Des salles s'équipent partout en France : on en compte quatre cent soixante en 1930. La technique, venue d'Amérique ou d'Allemagne, stimule la production française (mille trois cents films parlants de long métrage entre 1930 et 1939). S'offre aux chanteurs la possibilité de diffuser, outre leur voix, leur image. Plus de la moitié des films produits sont chantants ; la plupart du temps, il s'agit de music-hall filmé. Mais le cinéma, qui a d'abord trouvé dans les célébrités de la revue et de l'opérette des professionnels formés aux exigences nouvelles du sonore, devient à son tour un moyen exceptionnel de démultiplier le succès de chanteurs et de chanteuses jusque vers

De formation classique, Lys Gauty a débuté au cabaret, accompagnée au piano par Georges Van Parys. En 1935, elle est du premier spectacle monté à l'ABC. Mais c'est comme interprète du *Chaland qui passe...*, chanson attachée au film culte de Jean Vigo, *L'Atalante*, qu'elle doit sa notoriété. On apprécie alors « cet art, au service d'une voix sans exemple, également profonde dans l'aigu et le grave, avec, au passage, une cassure très douce, très tendre ».

« L'artiste le plus vendu ? On discutait beaucoup entre Lucienne Boyer, qui fut longtemps imbattable, Lys Gauty, Jean Lumière et d'autres… Mais, de Corse, survint Tino Rossi. Et le record est, maintenant, pour lui » (*Paroles et musique*, n° 1, septembre 1935).

Ce n'est pas Georges Thill, mais son registre de ténorino, qui couvre avec aisance trois octaves, lui permet d'interpréter certaines pages du répertoire classique et de passer pour une « voix ». Ce n'est pas Rudolf Valentino, mais son type méditerranéen en fait un *latin lover*. *Adieu Hawaï*, qu'il enregistre en 1934, se vend à plus de cinq cent mille exemplaires. La radio intensifie son audience mais sa réussite tient surtout à son physique. Le cinéma en fait une immense vedette. Séducteur à l'écran, il l'est aussi dans la vie. Sa romance avec la comédienne Mireille Balin fait la une des journaux. En 1938, tous deux embarquent pour les États-Unis. Il y donne des récitals et l'une de ses chansons, *Vieni Vieni*, y est classée pendant vingt-huit semaines au sommet des « hit-parades » (dénommés *charts*).

des publics qui, autrement, n'auraient jamais eu la possibilité de les voir.

Les succès cumulés d'un film, d'une chanson et d'une vedette sont alors nombreux : Mistinguett dans *Rigolboche*, Lys Gauty dans *L'Atalante*… Mais la star de ce nouveau spectacle est incontestablement l'irrésistible Tino Rossi qui, servi par un physique méditerranéen avantageux, une voix douce et suave, chante les chefs-d'œuvre de Vincent Scotto. Il devient la coqueluche du public féminin et on construit sur son personnage d'amant latin de nombreux films dont le succès se prolonge par la chanson : *Marinella*, *Naples aux baisers de feu*.

Tango, biguine et « Revue nègre »

En ces « années folles », la chanson, frivole ou
intellectuelle, s'ouvre aux inspirations nouvelles,
qu'elles viennent de loin ou la replongent dans
ses propres racines, folkloriques ou populaires,
et ne craint pas de
les mélanger, bien
au contraire.

Avec Joséphine Baker,
vingt-cinq artistes noirs
(dont Sidney Bechet
et Claude Hopkins)
se produisirent dans *La
Revue nègre* (ci-dessous,
affiche de Paul Colin).

   Ainsi, le tango trouve
en Carlos Gardel,
Toulousain exilé en
Argentine, son parfait
interprète : physique
latin et voix chaude.
Sous les doigts
de l'accordéoniste
Gus Viseur, le tango
devient tango-musette.

   On apprécie d'autres
liqueurs exotiques,
aux réminiscences
coloniales : la biguine
martiniquaise, portée
à Paris par le clarinettiste
Stellio, en 1931, lors de
l'Exposition coloniale et
internationale de Paris.
Et l'on s'enthousiasme
pour le corps noir et
délié de Joséphine Baker.

À l'automne 1925, dans *La Revue nègre* que monte
le Théâtre des Champs-Élysées, elle paraît, à peine
vêtue de plumes d'autruche écarlates, chantant
et dansant des claquettes parmi vingt-cinq artistes
venus des États-Unis. Du jour au lendemain elle est
« lancée ». Dans la *Revue du jour* aux Folies-Bergère,
elle porte un costume fait de seize bananes.
Son irruption dans *La Revue nègre* fascine artistes
et écrivains. En 1930, après deux ans et demi passés
à sillonner l'Europe et l'Amérique du Sud, elle est
de retour à Paris et interprète la chanson qui restera
comme son plus grand succès : *J'ai deux amours*.

❝Ce langage corporel,
dont nous voyions,
depuis la disparition
de Nijinski, les Ballets
russes perdre peu à peu
le sens… un jour
pourtant, la Revue
nègre du music-hall
des Champs-Élysées
en devait réveiller
pour nous la sauvage
existence.❞
André Schaeffner,
Le Jazz, 1926

Une source nouvelle, le jazz

Exotisme ou folklore, chanson ou danse, les corps bougent autant que les esprits et les mœurs. Rien d'étonnant que le swing, musique qui « balance », triomphe au royaume du jazz. Le terme s'applique à la fois à un mode précis d'écriture, laissant la place à la virtuosité de solistes, et à une « grâce » particulière dans l'exécution. En 1939, avec *Je suis swing*, Johnny Hess l'importe définitivement en français. Le vent de cette fantaisie touche la chanson. Notamment les attitudes en scène que le duo de Gilles et Julien, vêtus d'un pantalon et d'un chandail noirs, bouleverse : Gilles est assis au piano tandis que Julien se tient debout devant ou appuyé nonchalamment sur l'instrument.

Gilles et Julien (ci-dessous) se produisent au Vieux-Colombier de Jacques Copeau. Ils sont tout à fait représentatifs des artistes de cabaret, anticonformistes et novateurs.

❝Tout bégayait. Tout traînait. Plus rien ne traîne et tout parle. C'est grâce aux chansons de Charles Trenet [page suivante]. Il a créé tout un univers d'objets légers, d'objets dans un courant d'air, d'objets sur lesquels on souffle, d'objets qui deviennent des mains, des mains qui deviennent des objets, d'amoureux qui s'envolent par la fenêtre, de pendus gais qui deviennent des fantômes gais, des facteurs bleus qui voyagent plus vite que le télégraphe. Il chante. Il chante dans son lit. Il chante dans son cabinet de toilette. Il chante en voiture. Il chante au téléphone. Il chante au théâtre. Il chante sur l'aile des ondes. S'il ne chante pas, d'autres chantent ce qu'il chantait la veille. Et Trenet chante encore par la bouche des ouvriers qui repavent une rue et celles des cyclistes qui pédalent sous nos fenêtres. Vite, la chanson cesse de lui appartenir et, comme la mer, devient *Marseillaise* et bien public.❞

Jean Cocteau

Mais aussi les textes et les mélodies que Mireille et Jean Nohain rendent piquants et rêveurs : *Couchés dans le foin*, interprétée en 1932 par Pills et Tabet, autre duo. Et le style vocal se fait plus délié et proche de la déclamation, plus intimiste. En 1933, Jean Sablon, le chanteur de charme, prend comme accompagnateurs trois musiciens de jazz : André Ekyan, Alec Siniavine et Django Reinhardt. Jean Tranchant aurait pu symboliser cette révolution de la chanson française par le jazz. Auteur pour de nombreux artistes (Lucienne Boyer, Marianne Oswald), programmateur audacieux du Bagdad Club qu'il dirige en 1935, il réussit moins à s'imposer comme interprète, faute d'un véritable charisme.

Bientôt, un jeune provincial jouflu, Charles Trenet, assouplit et allège la pâte sonore et fait s'envoler la dimension poétique de la chanson. Il est monté de Narbonne à Paris dès ses 17 ans, attiré par les arts et le spectacle. Accessoiriste de cinéma, il écrit poésies et romans-feuilletons et découvre le jazz. En 1933, avec Johnny Hess il monte le duo Charles et Johnny. Leur style emprunte aux comédies musicales américaines, au swing de Gershwin et bien sûr, au jazz. Premiers succès (*Sur le Yang Tse Kiang...*), premiers disques chez Pathé. En 1937, de retour du service militaire où il s'est distrait en composant quelques chansons, il se produit seul en scène avec *Je chante*, créée par Maurice

« Mille miroirs reflètent un Charles Trenet hirsute, écarlate, l'œil large ouvert et couleur de bille, le chapeau mou à la renverse, formant auréole », c'est ainsi que Cocteau décrit le « fou chantant ».

Chevalier. L'éditeur Raoul Breton le « lance » sur la scène de l'ABC. Dès lors, s'enchaînent des chansons toutes plus savoureuses les unes que les autres : *La Route enchantée* (1938), *Boum* (1938) pour laquelle il reçoit le grand prix du Disque. À la veille de la Seconde Guerre mondiale, il est l'idole des jeunes.

J'ai l'cafard, Sous la blafarde, Toute pâle, Hantise, Toute seule, Je n'attends plus rien, La Coco, Où sont tous mes amants?, Les Filles qui la nuit, Sous la flotte, Pleure, La Peur ou *Un chat qui miaule, Sous les ponts, Sans lendemain, Adieu adieu* : voici quelques-uns des titres de Fréhel, tout aussi évocateurs de son répertoire réaliste

Comment la chanter par Fréhel

Damia, Marie Dubas, Fréhel, Piaf

Cependant, des figures féminines réincarnent la tradition de la chanson réaliste. Damia, influencée par la chorégraphe Loïe Fuller, construit un personnage hiératique, vêtue d'un fourreau noir. Une composition assez conventionnelle de Lucien Boyer, *Les Goélands*, devient avec elle une tragédie.

Passée par le théâtre et l'opérette, Marie Dubas a entrepris une carrière de chanteuse soliste, en 1927 à l'Olympia. En 1935, au Théâtre des Champs-Élysées, elle inaugure, pour la chanson, la formule du récital. C'est elle qui crée, en 1936, *Mon légionnaire*.

Fréhel, dont la biographie, de l'enfance violée à la déchéance finale, est digne d'une chanson réaliste, arrache aux textes mélodramatiques de ses chansons des accents quasi dostoïevskiens. *La Java bleue, Où sont-ils donc?* qu'elle chante dans le film *Pépé le Moko* de Julien Duvivier (1937) ont fixé toute la force émotionnelle de son chant.

que de l'interprète elle-même. Personnage à la dérive, Fréhel fut usée prématurément par la drogue et la boisson et connut une fin de vie misérable.

Berthe Sylva donne une couleur plus sentimentale à ses interprétations. *On a pas tous les jours vingt ans* et, surtout, *Le Raccommodeur de faïence*, vendu, dit-on, à trois cent mille exemplaires, témoignent de la faveur qu'obtient celle qu'on surnomme « Cœur d'or ».

Enfin, les rejoint la jeune Édith Gassion, véritable chanteuse des rues de Paris. Louis Leplée, directeur d'un cabaret sur les Champs-Élysées, l'engage et lui fait enregistrer une première chanson, *Les Mômes de la cloche*, en 1936, avant d'être assassiné. Cette aventure sordide renforce la réputation de la « môme » qui rencontre un autre pygmalion, Raymond Asso. Il lui fait chanter et s'approprier *Mon légionnaire*, écrite en collaboration avec Marguerite Monnot. En 1937, définitivement baptisée Édith Piaf, elle est engagée à l'ABC, tourne un premier film, *La Garçonne* de Jean Limur, et, quelques mois plus tard, est tête d'affiche à Bobino.

Cinq chômeurs sont les personnages principaux du film de Julien Duvivier *La Belle Équipe* tourné en 1936.

« Tout va très bien... »

Le climat d'allégresse fraternelle du Front populaire touche la chanson. On l'écoute à la radio dans les usines occupées par les grévistes ; on l'entonne en chœur pendant les congés payés et les loisirs collectifs, dans les guinguettes. Lors des veillées, dans les auberges de jeunesse créées par Léo Lagrange, sous-secrétaire d'État aux Sports et aux Loisirs, on chante *Au-devant de la vie*, plus connue sous le nom de *Ma blonde*. Le film *La Belle Équipe* et son refrain *Quand on se promène au bord de l'eau*, chanté par le populaire Jean Gabin, restituent cette gaieté simple. Le gouvernement de Léon Blum, qui considère la radio comme un moyen privilégié d'atteindre l'opinion publique, impose de consacrer

la moitié du temps d'antenne à la chanson. Tous les lundis est programmé un crochet radiophonique.

Les menaces de guerre se précisent, mais l'esprit chantant n'est plus du tout à l'ardeur militariste de 1914. On préfère se divertir avec Ray Ventura et ses Collégiens : *Tout va très bien, madame la Marquise*; *Ça vaut mieux que d'attraper la scarlatine*, ou reprendre, en 1937, avec le « fou chantant » Charles Trenet *Y'a d'la joie*. On s'abandonne à la romance sentimentale du chanteur de charme Jean Lumière reprenant le titre de Paul Delmet *Envoi de fleurs* et on goûte sans réserve l'interprétation de *Parlez-moi d'amour* par Lucienne Boyer.

Joséphine Baker, vedette qui s'habille chez les grands couturiers, a su associer tout au long de sa carrière relations publiques et engagements sociaux. Elle organise chaque année la distribution d'un pot-au-feu pour les indigents de Montmartre. Au cours de l'été 1936, Joséphine Baker parraine plusieurs manifestations publiques populaires (ci-contre, concert au stade Buffalo), ainsi le Tour de France, dont elle donne le départ. Au-delà de la facette « spectaculaire » de son existence, elle s'est également révélée par son courage durant la guerre – ce qui lui vaudra des funérailles militaires –, et par ses prises de position en faveur des droits civiques de la communauté noire américaine.

Pour la plupart des artistes, la guerre marque une rupture définitive. Seuls quelques-uns, comme Édith Piaf, Charles Trenet ou Tino Rossi, reprennent une carrière triomphale après 1945. Dans le même temps, émerge une nouvelle génération d'interprètes, issue pour l'essentiel du cabaret, qui va façonner la chanson française pour longtemps. En pleine mutation technologique, les médias audiovisuels – la radio, la télévision, le disque – annoncent, eux, les bouleversements à venir.

CHAPITRE 3

1939–1958 : LA CHANSON D'AUTEUR

L'Olympia est la salle mythique de la chanson française. Le soir de sa réouverture comme music-hall, le 5 février 1954, le débutant Gilbert Bécaud enflamme le public. En 1959, c'est une star mondiale, Édith Piaf, qui sauve la salle de la faillite; elle s'y produira à nouveau en 1962, un an avant son décès.

Le 1ᵉʳ septembre 1939, l'armée allemande envahit la Pologne. Le 3 septembre, la Grande-Bretagne et la France déclarent la guerre à l'Allemagne : c'est le début de la Seconde Guerre mondiale. À l'image d'un Paul Reynaud pour qui « nous vaincrons parce que nous sommes les plus forts », la France entre dans le conflit bardée de ses certitudes et retranchée derrière sa ligne Maginot. L'heure est à l'optimisme ; et comme le chantent Ray Ventura et son orchestre, il ne fait de doute pour personne qu'*On ira pendre notre linge sur la ligne Siegfried* (l'équivalent allemand de la ligne Maginot). La débâcle de mai 1940 et l'invasion de la France par les troupes allemandes mettent fin à ces illusions. Sous la conduite du maréchal Pétain, l'État français entre officiellement dans la voie de la « collaboration ».

Souvent photographiée (ici en 1940), peinte (de Van Dongen à Picabia, on connaît d'elle plus de 200 portraits), la plastique de Suzy Solidor n'a pas laissé indifférent, tout comme son timbre de voix, grave et énigmatique.

« Maréchal, nous voilà ! »

Une chanson est plus particulièrement identifiée au régime du Maréchal. Composée par André Montagard pour les paroles et Charles Courtioux pour la musique, publiée en juillet 1941, *Maréchal, nous voilà!* devient rapidement, en effet, « l'hymne » du régime de Vichy. Portée par la voix chaude et puissante du ténor basque André Dassary sur un rythme de marche très en vogue à l'époque, *Maréchal, nous voilà!* est également un réel succès populaire.

Sans que l'on puisse les assimiler à cette veine apologétique, d'autres chansons créées pendant la guerre ne cachent pas certaines sympathies vis-à-vis de la Révolution nationale du Maréchal. *Ça sent si bon la France* ou *La Chanson du maçon*, par exemple, reflètent cette tendance, certainement plus opportuniste que véritablement militante. Elles sont toutes deux extraites du répertoire de Maurice Chevalier qui illustre toute l'ambiguïté de l'époque.

Car la situation de la chanson française pendant l'Occupation est complexe et paradoxale. Complexe, car en dehors d'attitudes que l'on peut qualifier de collaborationnistes, comme celles de Suzy Solidor, dont le « Club de l'Opéra » ne désemplit pas d'uniformes vert-de-gris, la position des chanteurs français est la plupart du temps beaucoup plus ambiguë. Des artistes comme Maurice Chevalier, Charles Trenet ou Édith Piaf, par exemple, ont une attitude que l'on peut qualifier au minimum d'équivoque : les trois en effet se produiront dans l'Allemagne nazie (avec Fréhel, Fred Adison…), en toute connaissance de cause.

Étrange destin que celui de Maurice Chevalier (ci-dessous, en couverture de la revue *Les Ondes*, août 1941) à l'issue de la Seconde Guerre mondiale. Menacé de mort par Radio-Londres pour trahison, arrêté par le maquis, il doit la vie sauve à l'intervention de Louis Aragon et d'Elsa Triolet. Il devient l'un des compagnons de route les plus prestigieux du Parti communiste français.

N° 19
DIMANCHE 31 AOUT 1941

DANS CE NUMÉRO NOTRE NOUVEAU ROMAN

Les Ondes

2f50
44 PAGES

l'hebdomadaire de la Radio

PHOTO EXTRAITE DU FILM « PIÈGES ».

Mais dans le même temps, Maurice Chevalier protégera des proches juifs (sa compagne, Nita Raya, et les parents de celle-ci), et Édith Piaf affichera ostensiblement son amitié pour Michel Emer, compositeur d'origine juive, à qui elle doit *L'Accordéoniste*, l'un des plus grands tubes de sa carrière (1942), et l'un des plus gros succès de la guerre. La guerre rapproche probablement le destin de ces stars de la chanson de celui d'une grande partie de leurs admirateurs : ni collabos, ni résistants.

« Que reste-t-il de nos amours ? »

Car la chanson plus que jamais s'identifie aux rêves et aux espérances de toute une nation. Les heures sombres de l'Occupation n'occultent en rien sa faculté de création, ni son intemporalité. Bien sûr, on tourne en dérision les difficultés du quotidien, les privations, comme Fernandel avec *Les Jours sans*, ou le marché noir avec Jacques Pills (*Le Marché rose*). Mais la chanson française continue avant tout à

chanter l'amour, ou plutôt le désespoir sentimental. De la chanteuse Léo Marjane (*Seule ce soir*) au célèbre *Que reste-t-il de nos amours ?* de Charles Trenet, il est étonnant de constater à quel point, en effet, ces chansons baignent dans une même atmosphère musicale. La lenteur

ZAZOUS

des tempos, le dépouillement de l'accompagnement, le registre grave des voix installent un climat de nostalgie, le spleen d'une brume ouatée où tout évoque l'amour perdu. Sans qu'à aucun moment le mot ne soit prononcé tout est dit ici du drame de la guerre.

« Êtes-vous swing ? »

Alors on s'étourdit, voire on résiste, passivement, mais on résiste. L'occupant interdit les produits « made in USA », honnit le jazz, cette musique « dégénérée », interdit la danse : qu'à cela ne tienne !

Se réappropriant le *Je suis swing* de Johnny Hess, de 1938 (« Je suis swing, oh / Je suis swing, / Zazou… zazou… zazou… zazou zé / Je suis swing, oh… »), les zazous vont déferler sur la France. Ils imposent un rythme – le swing –, une danse – échevelée et suggestive –, une mode vestimentaire – cheveux longs, pantalon large, chemise à col anglais. Dès lors, on ne compte plus les titres de chansons où figure le mot « swing » entre 1940 et 1945 : de Jacques Pills

(*Elle était swing*) à Guy Berry (*Êtes-vous swing ?*) ou Irène de Trébert dont le titre du film *Mademoiselle swing* deviendra le pseudonyme. Et il n'est jusqu'à la plus collaborationniste des radios elle-même, Radio-Paris, qui ne diffuse du swing !

Cette caricature anti-zazous d'inspiration vichyste dit parfaitement l'opposition entre deux mondes : au crâne rasé du milicien répond la chevelure du zazou, à l'uniforme du premier, le dandysme sophistiqué du second. Issus essentiellement des milieux bourgeois et urbains, les zazous sont peu nombreux et ne constituent en rien un « mouvement ». Mais par leur attitude provocatrice, ils n'en sont pas moins perçus par le gouvernement de Vichy comme « dégénérés » et « enjuivés », donc dangereux pour l'ordre moral.

Le succès du swing est ainsi l'un des paradoxes de l'époque, mais il en est d'autres. Car malgré les heures noires que connaît le pays (ou à cause d'elles), on n'a jamais autant chanté. À Paris, comme en province, les music-halls, les cabarets font salle comble; et si l'industrie du disque connaît des difficultés en raison du manque de matières premières, la vente de musique imprimée sous la forme

des petits formats assure de confortables revenus aux éditeurs de musique ainsi qu'à la puissante Sacem. La moindre des injustices n'étant pas que la plupart des auteurs, compositeurs et interprètes de ces succès aient dû quitter la France par conviction politique ou pour fuir les lois antisémites d'octobre 1940. La liste est longue de ceux qui sont ainsi contraints à l'exil : Ray Ventura, Henri Salvador, le compositeur Paul Misraki partent en Amérique du Sud; Jean Sablon, Mireille, Marianne Oswald aux États-Unis; Marie Dubas en Suisse où elle enregistre *Ce soir je pense à mon pays*. Dans son dépouillement total – une voix sans aucun effet de pathos, accompagnée de quelques discrets accords de piano –, il s'agit probablement du témoignage chanté le plus poignant jamais écrit sur le thème de l'exil.

Illustrations de la « guerre psychologique », les « chansons de la BBC », telle *Le Chant des partisans*, témoignent à la fois du pouvoir de la chanson comme support de la lutte armée et du rôle grandissant des médias, ici la radio, dans les conflits.

« Le Chant des partisans »

À l'exception notamment de Joséphine Baker, résistante de la première heure, c'est donc de l'étranger, et plus particulièrement de Londres, que va s'orgaiser la lutte en chansons contre l'occupant. À l'antenne de Radio-Londres, Pierre Dac raille Radio-Paris sur l'air de la *Cucaracha* : « Radio-Paris ment, Radio-Paris

LE CHANT DE LA LIBÉRATION
(LE CHANT DES PARTISANS)

Paroles de :
MAURICE DRUON
ET JOSEPH KESSEL

Musique de :
ANNA MARLY

ÉDITIONS RAOUL BRETON 3, RUE ROSSINI, PARIS 9e

ment, Radio-Paris est all'mand ». Cette pratique qui consiste à détourner des airs célèbres en y plaçant d'autres paroles que celles d'origine va d'ailleurs se généraliser : ainsi *Prosper* de Maurice Chevalier devient *Hitler youp la boum*. Ces « chansons de la BBC » sont éditées sous la forme de petits carnets à destination de la France occupée.

Une chanson, toutefois, va s'imposer dans le maquis et devenir l'hymne de la Résistance : *Le Chant des partisans*. Composée à Londres en 1942 par la jeune exilée russe Anna Marly (Anna Betoulinsky)

À Paris, en juillet 1940, l'Alcazar est le premier music-hall à rouvrir ses portes, un mois après l'arrivée des troupes allemandes. Le Casino de Paris, l'Alhambra (ci-dessous, en novembre 1943), etc., suivront. Marseille est l'autre ville du music-hall pendant la guerre : dès septembre 1940,

sur un thème slave, mise en paroles l'année suivante par Joseph Kessel et Maurice Druon, cette mélodie, murmurée plus que chantée, répétitive jusqu'à l'hypnose, va être le chant de l'espoir pour tous les résistants. Tout d'abord Anna Marly l'interprète en public à Londres et sur les ondes de la BBC ; puis c'est une autre figure de la Résistance, Germaine Sablon, la sœur de Jean Sablon, qui lui assure une audience internationale en la chantant notamment dans le film *Pourquoi nous combattons* de 1943.

l'opérette y reprend ses droits : Alibert, Reda Caire, Fernandel, Andrée Turcy… se succèdent sur les scènes de la Canebière (l'Alcazar, l'Odéon…), et un certain Ivo Livi (bientôt Yves Montand) y fait ses premières armes.

À Saint-Germain-des-Prés

À la Libération, une partie de la jeunesse privée de
tout pendant la guerre veut rattraper le temps perdu
et dévorer la vie à pleines dents. Un quartier de
Paris – Saint-Germain-des-Prés –, un mouvement
philosophique – l'existentialisme –, une musique
– le jazz –, symbolisent cette folle envie de vivre
dans la liberté retrouvée. Jean-Paul Sartre devient
le héros de cette jeunesse pendant que Boris Vian
fait danser le Tabou, le club le plus couru de Saint-
Germain, au son de sa trompette. Il n'est pas
étonnant dès lors que la chanson s'intellectualise
et rencontre la littérature. Grand prix
de la Sacem en 1950 avec un titre
on ne peut plus existentialiste, *Je hais
les dimanches* (Charles Aznavour
pour les paroles et Florence Véran
pour la musique, refusée par Édith
Piaf!), la muse de Saint-Germain,
Juliette Gréco, interprète aussi
Raymond Queneau (*Si tu t'imagines*),
Robert Desnos (*La Fourmi*)
et évidemment Jean-Paul Sartre
(*Rue des Blancs-Manteaux*,
sur une musique de Joseph Kosma).

La chanson « rive-gauche » est née
(les clubs où elle s'épanouit dans
l'immédiat après-guerre – le Tabou
ou plus encore la Rose Rouge – étant
situés sur la rive gauche de la Seine).
La primauté est accordée au texte,
au détriment de la musique, réduite
à un simple accompagnement de
guitare ou de piano (l'exiguïté des clubs
et des cabarets où elle fleurit n'y est
pas pour rien non plus). Cette chanson
rive-gauche s'incarne dans une
nouvelle figure artistique : l'auteur-
compositeur-interprète. Là où,
jusqu'alors, un interprète sublimait
la musique d'un compositeur
(Marguerite Monnot pour Piaf,

Un club de Saint-
Germain-des-Prés,
le 20 janvier 1949.
La liberté retrouvée
est aussi synonyme
de libéralisation des
mœurs. Au rigorisme
politique des gaullistes
et des communistes,
l'existentialisme
oppose, avec une bonne
dose de provocation,
la jouissance des corps
et des esprits.

Symboliquement, les années 1950 s'ouvrent au son de la trompette de Boris Vian (ici au Club Saint-Germain en 1949) et se ferment avec sa mort, le 23 juin 1959. Mais l'influence de Vian dépasse largement le cadre de cette décennie. Écrivain, journaliste, peintre, etc., Boris Vian est avant tout un fou de musique, de jazz et de chanson. C'est en tant que parolier qu'il aborde cette dernière, avec Jimmy Walter à la composition. Puis, en 1955, Jacques Canetti le pousse à se produire en tant que chanteur sur la scène de son cabaret, les Trois Baudets. Serge Gainsbourg y était : « là, j'en ai pris plein la gueule. Il avait une présence hallucinante, vachement stressé, pernicieux, caustique. Les gens étaient sidérés. Il chantait des trucs terribles, des choses qui m'ont marqué à vie ». *J'suis snob*, *La Java des bombes atomiques*..., l'humour grinçant est une constante chez Vian. De même la dérision qui culmine dans sa collaboration avec Henri Salvador et les pastiches de rock'n'roll comme *Rock'n'roll-mops* ou *Va t'faire cuire un œuf, man!*, même si, par ailleurs, on peut leur préférer un titre comme *Fais-moi mal Johnny*, magnifié par l'interprétation de Magali Noël.

Vincent Scotto pour Tino Rossi et tant d'autres) et les paroles d'un auteur (Lucien Boyer, Albert Willemetz, Géo Koger...), l'auteur-compositeur-interprète, lui, cumule les trois fonctions, personnalisant ainsi à l'extrême sa production.

Parallèlement, la chanson rive-gauche va très vite essaimer au-delà de Saint-Germain et s'épanouir en un lieu, lointaine survivance de l'esprit montmartrois du début du siècle : le cabaret. Celui-ci est une scène impitoyable, où, payé une misère, quelques francs ou, le plus souvent, un sandwich, pour cinq ou six chansons, l'artiste doit faire ses preuves devant un public qui est loin de lui être acquis d'avance. C'est la « galère » que connaîtront toutes les futures gloires de la chanson française : les Brel, Brassens, Ferré, Gainsbourg...

Le cabaret et l'art de la scène : les Frères Jacques

L'épreuve de la scène est un élément incontournable
du cabaret. Certains vont s'en servir pour inventer
un spectacle total, rendant indissociables
le répertoire chanté et le jeu de scène. Les Frères
Jacques sont le modèle
insurpassable de cet art
scénique. Le quatuor vocal,
accompagné d'un piano, est
créé en 1944, et dès 1946,
connaît son premier succès,
L'Entrecôte. Mais surtout,
l'idée de génie réside dans
leur tenue de scène
qui devient leur marque
de fabrique : collants noirs
moulants, spencers de
couleurs, chapeaux claques,
gants blancs et grosses
moustaches. Chaque
chanson est une mini
représentation théâtrale
où le mime et la gestuelle
décuplent l'efficacité d'un
répertoire haut de gamme
qui va de Prévert à Trenet
et qui a produit nombre
de classiques de la chanson
française, de *La Queue
du chat* à *La Confiture*.

Les Frères Jacques
doivent à l'affichiste et
décorateur Jean-Denis
Malclès l'idée de leur
costume (affiche de
1950). En 1958, dans
France-Observateur,
Edgar Morin dit d'eux :

« ce quatuor, mi-poète,
mi-grotesque, a atteint
sa perfection [...]
les corps moulés dans
un maillot bicolore
dessinent des figures
géométriques animées
tandis que les mains
gantées de blanc jouent
leur propre ballet ».

Ferré, Aznavour : l'ascension du talent

Lieu de galère, le cabaret est aussi un lieu
de créativité, d'inventivité où tout est permis ou
presque. Un Léo Ferré qui n'a de cesse de bousculer
tant les conventions sociales que le cadre étroit de
la chanson illustre cette liberté de création tout
au long de sa carrière. Il réinvestit toutes les formes
de la musique populaire : jazz, tango, valse... ; il brise
l'alternance couplet / refrain imposant le récitatif,
etc. Le succès met longtemps à se dessiner pour
l'anarchiste intraitable, et les années 1950 sont

Ayant débuté en duo avec Pierre Roche (le duo Roche-Aznavour) sous l'Occupation, Charles Aznavour (ci-contre) a déjà une longue carrière lorsque le succès éclate enfin en 1955 avec un passage triomphal à l'Olympia (en vedette américaine de Sidney Bechet). Son parcours offre nombre de similitudes avec celui d'Yves Montand : fils d'émigrés tous les deux, l'un et l'autre doivent beaucoup à Édith Piaf ; artistes complets, ils sont chanteurs autant qu'acteurs, enfin ils font partie des rares chanteurs français à être de véritables stars internationales.

des années de vaches maigres. L'engouement du public va arriver avec Catherine Sauvage et les interprétations remarquables qu'elle donne de titres comme *Paris canaille*. C'est elle qui ouvre à Léo Ferré la voie de la reconnaissance. Dès 1954, il crée un oratorio composé sur *La Chanson du mal aimé* de Guillaume Apollinaire, puis à la fin des années 1960, il travaille avec le groupe de rock Zoo, plus tard encore, il enregistre avec l'orchestre symphonique de Milan.

Le destin du petit immigré arménien Varenagh Aznavourian n'est guère différent. Parolier à succès de nombre d'interprètes (Édith Piaf, Eddie Constantine, Gilbert Bécaud, Patachou, Maurice Chevalier...), il met des années à se faire accepter comme chanteur. On lui reproche une voix au bord de l'extinction (on le surnomme « l'enroué vers l'or »), et surtout d'aborder des thèmes qui dérangent comme l'amour physique (*Après l'amour*). Boule d'énergie et d'opiniâtreté, avec *Je m'voyais déjà*, parue en 1959, alors qu'il est en passe de devenir une des plus grandes vedettes internationales de la chanson française, celui qui se nomme désormais Charles Aznavour jette un regard lucide sur ces années de galère qui auront été le lot commun de toute cette génération d'auteurs-compositeurs-interprètes.

Dans la même journée, Léo Ferré présente *Paris canaille* à Mouloudji, aux Frères Jacques puis à Yves Montand. C'est un échec, aucun n'est intéressé. Il se résout alors à l'interpréter et l'enregistre en 1953.

Qu'il s'agisse de
Barbara (page de gauche,
à l'Écluse en 1954,
accompagnée par
Liliane Benelli),
de Juliette Gréco
(ci-contre, à l'époque de
la Rose Rouge en 1950)
ou de Mouloudji (page
suivante, à la même
époque), Saint-Germain-
des-Prés met à
l'honneur le costume
de scène noir comme
ultime pied de nez
à l'« habit de lumière »,
traditionnel apparat du
chanteur de music-hall.
Mais il s'agit bien de
construire une image,
anticonformiste
et provocatrice ; le fait
que Gréco et Mouloudji
soient ainsi sublimés
par le photographe
Robert Doisneau
ne doit rien au hasard,
mais participe
de cette esthétique
du dépouillement. Alors
que rive droite, dans son
cabaret de Montmartre,
Patachou (page
suivante), fidèle à l'esprit
d'Aristide Bruant, a pris
l'habitude de couper
leur cravate aux clients
renâclant à pousser
la chansonnette.
Les dites cravates sont
suspendues au-dessus
de la scène comme
autant de trophées. À
l'aube des années 1960,
la force créatrice du
cabaret ne survivra pas
aux nouvelles règles du
show-biz : l'explosion
des cachets des artistes
nécessitant des salles
toujours plus grandes
(60 spectateurs
à l'Écluse !), ni à la
concurrence de la
télévision.

C'est pourtant un Canadien qui est à l'origine de ce mouvement de fond si spécifiquement français. En tournée en France en 1950, armé de sa seule guitare et de sa voix chaleureuse, le Québécois Félix Leclerc va en effet imposer des titres comme *Moi mes souliers* ou *Le P'tit Bonheur* et devenir le modèle de toute cette génération d'auteurs-compositeurs-interprètes. Il n'est pas arrivé en France par hasard. C'est un génial découvreur de talents, Jacques Canetti, qui est allé le chercher au Québec. Ce dernier peut d'ailleurs être considéré comme « l'accoucheur » de la chanson française de qualité des années 1950.

Le découvreur des « trois B » : Brel, Brassens, Béart

Programmateur sur Radio-Tour Eiffel, organisateur de tournées, directeur artistique des disques Philips, Jacques Canetti est également propriétaire du cabaret les Trois Baudets qu'il a fondé boulevard de Clichy en 1947. Un des tout premiers spectacles réunit Henri Salvador, Jean Roger Caussimon et Francis Lemarque. Puis, en une décennie, tous les interprètes qui vont bouleverser le paysage de la chanson française passent à l'affiche des Trois Baudets : de Catherine Sauvage à Boby Lapointe, de Mouloudji à Juliette Gréco et Boris Vian.

Mais la plus grande réussite de Jacques Canetti réside probablement dans ce qu'il appelait lui-même « les trois B » : Brel, Brassens et Béart. Tout l'art de Jacques Canetti fut en effet d'avoir permis à ces talents de réaliser leur potentiel. Ainsi, lorsqu'il entre dans son univers en septembre 1953, Jacques Brel est un jeune bourgeois bruxellois, idéaliste,

En bon terrien, lorsque Jacques Canetti vient le chercher au Québec, Félix Leclerc (ci-contre, vers 1950) fait rapidement ses comptes : « ça sera juste un aller-retour. Vingt-quatre heures pour m'y rendre, vingt-quatre heures pour me faire descendre, vingt-quatre heures pour revenir ». Erreur : il va s'installer en France pendant plus de trois ans, la suite de sa carrière se partageant entre les deux continents. C'est que le public français a immédiatement adopté le poète aux allures de bûcheron. Il débute sur la scène de l'ABC le 22 décembre 1950, en première partie des Compagnons de la Chanson, et, dès son premier disque, reçoit le grand prix du Disque en 1951. L'influence de Félix Leclerc a été déterminante pour la chanson française comme pour la chanson québécoise, et au-delà, ce qu'on oublie souvent, pour l'affirmation d'une identité francophone dans un Canada majoritairement anglophone. Car la consécration du chanteur en France a légitimé dans la Belle Province un fort sentiment identitaire.

sincère jusqu'à la naïveté. Grâce à Canetti, il va construire progressivement un univers musical empruntant aussi bien à la chanson réaliste, aux flonflons des bals populaires qu'au théâtre ou à la poésie. Mélodiste de talent, parolier sensible ou acerbe, habité sur scène jusqu'à l'outrance, il impose un répertoire où le drame amoureux (*Ne me quitte pas*) côtoie la critique de toutes les pesanteurs (*Les Flamandes*) et hypocrisies.

Si Brel est véritablement « découvert » par Canetti, il n'en est pas exactement de même pour Georges Brassens, qui doit ses débuts à une autre découvreuse de talents, elle-même chanteuse de renom, Patachou. Mais après son passage dans

Lorsqu'il est photographié dans les coulisses de Bobino en novembre 1960, Jacques Brel est depuis peu une immense vedette. Mais le succès a été long à se dessiner pour le créateur du *Plat Pays* ou d'*Amsterdam*. De cabaret en cabaret, les années 1950 auront été, en effet, synonymes d'insuccès et d'humiliation.

Je suis l'pornographe
Du phonographe
Je dis au micro
Des mots trop gros
Je chante en scène
Des choses obscènes
J'suis l'polisson
De la chanson

le cabaret montmartrois de celle-ci en 1952, Jacques Canetti l'embauche la même année aux Trois Baudets et lui fait signer un contrat discographique. Contrat signé non sans difficulté, le répertoire de l'anarchiste moustachu étant jugé au mieux comme une atteinte au bon goût, au pis comme un tissu d'obscénités (*Gare au gorille*). En 1954, l'obtention du grand prix de l'académie Charles Cros (le Goncourt du disque) fait définitivement taire les tartufes.

Georges Brassens se définissant lui-même comme le « pornographe du phonographe » explique ainsi le refus de la « respectable » maison de disques Philips de lui signer un contrat d'enregistrement. Jacques Canetti contourne l'obstacle, et c'est finalement la marque Polydor, filiale de Philips, moins prestigieuse, qui accueille le « Gorille ».

Et Brassens est une vedette confirmée lorsque Canetti rencontre le dernier des « trois B » : Guy Béart. Chanteur et mélodiste limité, artiste de scène aux trous de mémoire légendaires, la magie de Béart réside ailleurs, dans la simplicité, la poésie et la précision de ses textes. Béart possède un art qui est donné à peu : raconter une histoire qui parle à tous dans les trois minutes d'une chanson. Ses premiers titres, *Bal chez Temporel*, *Qu'on est bien…*, deviennent immédiatement des classiques que renforce le succès de *L'Eau vive* en 1958.

Serge Gainsbourg : les derniers feux du cabaret

Guy Béart appartient à la dernière génération de chanteurs issus de l'âge d'or du cabaret, tout comme Serge Gainsbourg, pianiste du cabaret Milord l'Arsouille. Le parallèle est d'ailleurs intéressant. Alors que le premier s'installe progressivement dans la posture du chanteur « officiel » (son émission télévisée « Bienvenue » pendant les années 1960 ; Valéry Giscard d'Estaing, alors ministre des Finances, l'accompagnant à l'accordéon…), Serge Gainsbourg, lui, va cultiver une attitude de plus en plus « destroy ». Le point culminant de cette dissemblance éclate en apothéose dans les années 1980 sur un plateau de télévision où un Serge Gainsbourg passablement aviné insulte copieusement Guy Béart. Mais au-delà de l'anecdote, la différence est surtout musicale. Là où Guy Béart, comme la plupart des chanteurs rive-gauche, reste prisonnier d'un style – le « chanteur à guitare » –, l'immense musicien et orchestrateur qu'est Serge Gainsbourg n'a de cesse d'évoluer – de Gainsbourg à Gainsbarre –, toujours à la recherche de sons nouveaux, d'arrangements

Guy Béart doit beaucoup à ses interprètes féminines, Juliette Gréco qui enregistre *Chandernagor*, Zizi Jeanmaire, *Qu'on est bien*, et surtout Patachou qui popularise son *Bal chez Temporel* (sur des paroles du poète André Hardellet). Autant de chefs-d'œuvre qu'on retrouve très rapidement sur un 33-tours, chose rare pour un débutant à l'époque, voulue par Jacques Canetti. Après le succès de *L'Eau vive* (ci-dessus) et un grand prix du Disque en 1958, Guy Béart fonde sa propre maison de disques, Temporel, en 1965, puis lance avec succès l'année suivante une émission télévisée de variétés, sa fameuse « Bienvenue » où, en toute décontraction, Duke Ellington côtoie Georges Brassens ou Michel Simon.

sophistiqués. D'un univers jazzy fortement marqué par l'influence de Boris Vian (*Le Poinçonneur des Lilas* en 1958), il évolue vers le rock pour créer un monde sonore qui lui est propre. Avec Léo Ferré, Serge Gainsbourg est le plus original et le plus musicien des auteurs-compositeurs-interprètes apparus dans les années 1950. La nouvelle génération de chanteurs qui éclôt à l'aube du XXIᵉ siècle (Benjamin Biolay par exemple) doit beaucoup à son minimalisme épuré où la voix de plus en plus parlée et murmurée s'efface progressivement devant la musique.

Combien de Gainsbourg faut-il additionner pour parvenir au seul, à l'unique Gainsbourg ? Aucun autre auteur-compositeur-interprète de la seconde moitié du XXᵉ siècle n'a eu en effet autant d'influence sur la chanson en France, probablement parce qu'aucun autre n'a multiplié à ce point les identités musicales et, de ce fait, les publics. Du pianiste du Milord l'Arsouille (ci-contre, au Théâtre de l'Étoile en septembre 1959) au pygmalion de lolitas en fleurs (sa fille Charlotte, Vanessa Paradis…) ; du jazz façon Boris Vian au reggae, au rock et au funk ; des titres composés pour ou repris par Gréco (*La Javanaise*), Régine (*Les P'tits Papiers*), Anna Karina (*Sous le soleil exactement*)… et les innombrables titres pour Jane Birkin, à l'inspirateur de la blank generation (*Taxi Girl*…) et des vagues successives de la chanson française (Étienne Daho, Alain Bashung, Benjamin Biolay…) ; du public rive-gauche au gamin de 15 ans qui pleure la mort de Gainsbarre en 1991 sans l'avoir connu, oui, Serge Gainsbourg est bien le « Docteur Jekyll et Monsieur Hyde » de la chanson française.

FOLHAS MORTAS

Certaines chansons deviennent immortelles...

Autumn Leaves
Les Feuilles Mortes

Mais le cabaret et la chanson rive-gauche ne sont pas les seuls modes d'expression de la chanson française dans les années 1950. Si la guerre a définitivement clos les chapitres des chanteuses réalistes et de la revue, nombre de chanteurs perpétuent une certaine tradition issue de l'avant-guerre. Il n'est ainsi pas étonnant que deux des plus grands succès de la fin des années 1940 soient le fait de Charles Trenet et d'Édith Piaf. Parues respectivement en 1946 et en 1950, *La Mer* et *L'Hymne à l'amour* figurent probablement parmi les plus belles chansons du répertoire français. Un autre titre les rejoint dans ce panthéon très fermé des « immortelles » de la chanson : *Les*

Feuilles mortes qu'interprète Cora Vaucaire en 1948 sur une musique de Joseph Kosma et des paroles de Jacques Prévert. Mais c'est Yves Montand, que sa rencontre avec Édith Piaf quelques années auparavant a hissé au rang des plus grands interprètes, qui lui donne bientôt toute sa mesure, d'une voix dont la retenue n'empêche ni l'expressivité, ni l'émotion.

... d'autres ne passent pas l'hiver

Peut-être est-ce l'absence de cette alchimie si délicate à obtenir entre l'expressivité d'une voix, l'émotion d'une musique et la qualité d'un texte qui explique un des phénomènes caractéristiques de la chanson des années 1950 : l'immense succès que vont connaître certains chanteurs, voire certains styles, et l'oubli dans lequel ils vont tomber. Il est par exemple difficile de concevoir aujourd'hui à quel point l'Américain exilé en France Eddie

Marcel Carné tourne *Les Portes de la nuit* en 1946, avec Yves Montand dans le rôle principal. La chanson *Les Feuilles mortes* y est fredonnée à plusieurs reprises par Montand et sa partenaire Nathalie Nattier (doublée en fait par Irène Joachim). Le film est un échec. Et c'est Cora Vaucaire qui est la première à enregistrer *Les Feuilles mortes* sur disque, en 1948. Yves Montand fait de même l'année suivante, puis Juliette Gréco en 1951. C'est le début d'un triomphe planétaire, jamais démenti depuis.

Constantine est une idole avant l'heure. La France entière fredonne *Et bâiller et dormir* ou *Cigarettes, whisky et p'tites pépées*, avant que leur interprète n'abandonne la chanson pour le cinéma.

À l'opposé de la mâle séduction du Yankee, la carrière du chanteur de charme André Claveau n'en franchit pas plus le cap des années 1960, alors que *Cerisiers roses et pommiers blancs* avait été l'un des grands triomphes de l'année 1950, suivi de nombreux autres succès. Plus caractéristique encore est la destinée d'une autre chanteuse de charme, dans la tradition d'une Lucienne Boyer, Jacqueline François. Avec des titres comme *Mademoiselle de Paris* ou *Les Lavandières du Portugal*, grand prix de l'Académie du disque en 1956, elle est la première femme millionnaire du disque en France. Pourtant les années 1960 la voient terminer sa carrière à Las Vegas.

Deux univers se rencontrent ce 12 janvier 1955. Quelques mois avant sa mort, la reine du music-hall des années 1930, Mistinguett, accompagnée des stars de la chanson des années 1950, André Claveau (à gauche), Bourvil (au centre), félicite le millionnaire du disque Georges Guétary. Vedette entre autres de l'opérette *La Route fleurie* de Francis Lopez, partenaire de Gene Kelly dans le film *Un Américain à Paris*, le ténor d'origine grecque est le seul rival sérieux de Luis Mariano pendant cette décennie.

L'opérette et l'exotisme du Sud

Un genre musical est lui aussi étroitement associé aux années 1950 : l'opérette. Croisement improbable

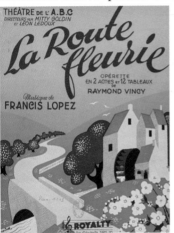

entre l'opéra-comique, la revue d'avant-guerre et la comédie musicale, celle-ci a ses temples : le Châtelet et Mogador, son démiurge, Francis Lopez, et son idole, Luis Mariano. Car le succès du genre doit surtout à l'incroyable popularité de ce dernier. Pour le nombre des admiratrices en pâmoison, seul le Tino Rossi d'avant-guerre supporte la comparaison. De *La Belle de Cadix* (avec l'impérissable « Chica ! Chica ! chic ! ay ay ay / Chica ! Chica ! chic ! ay ay ay ») au Casino Montparnasse en 1945 au *Secret de Marco Polo* en 1959, en passant par *Le Chanteur de Mexico* de 1951, la voix chaude et veloutée de Luis Mariano porte au triomphe les espagnolades de Francis Lopez.

   Trois raisons expliquent ce succès. Contrairement à la chanson rive-gauche, reflet d'un certain nombrilisme parisien, l'opérette, elle, s'est souvent transportée dans les théâtres et casinos de province, offrant grand spectacle et exotisme ; un exotisme de pacotille, certes, mais ô combien apprécié dans la grisaille de l'après-guerre. Par ailleurs, le cinéma a démultiplié l'impact du genre, projetant l'image du bel hidalgo dans les plus petites

Lointaine héritière de Rina Ketty (l'une des premières chanteuses de charme dans la variante exotique avant-guerre), Dalida s'impose tout d'abord dans un répertoire de « chanteuse à accent ». Il faut toutefois attendre son troisième disque, *Bambino*, en 1956 (ci-dessous), pour que le succès arrive. Il ne la quittera plus. En trente ans de carrière, Dalida vendra plus de 80 millions de disques, passant du registre méditerranéen au twist, au disco, etc. Il y a pourtant un malentendu Dalida : son interprétation d'*Avec le temps* de Ferré, ou ses talents d'actrice avec Youssef Chahine le prouvent, Dalida n'a jamais été en phase ni avec son image publique, ni avec un répertoire souvent convenu et préfabriqué. Son suicide en 1987 est son ultime cri de détresse.

villes du pays ; presque toutes les opérettes
du tandem Lopez / Mariano ont en effet été portées
à l'écran.

   C'est d'ailleurs le même exotisme du Sud
qui est à l'origine du succès d'un certain nombre
d'interprètes dont Dalida est la figure la plus
emblématique. Mais contrairement à d'autres,
celle-ci, après des succès comme *Bambino* ou
Come prima, a l'intelligence artistique de ne pas
se laisser enfermer dans ce rôle de la chanteuse
méditerranéenne roucoulante. Pour autant, finissant
sa carrière en reine pathétique du disco, elle n'aura
jamais trouvé un répertoire à sa dimension.

ꝰ Gilbert Bécaud à l'Olympia : 5 février 1954, 17 février 1955

   Éminemment populaires, l'opérette ou les chanteurs
« exotiques » ne reflètent cependant pas l'évolution
de la chanson qui va amener à la révolution des
années 1960. Celle-ci se manifeste dans les répertoires,
dans leur interprétation, notamment sur scène, et
dans les médias qui les diffusent. Peut-être plus que
tout autre, Gilbert Bécaud témoigne de la révolution
qui s'annonce : ses passages à l'Olympia en 1954
et 1955 sont restés gravés dans toutes les mémoires.

Dans la version
cinématographique du
Chanteur de Mexico
tournée en 1958
(affiche ci-dessus),
Luis Mariano a pour
partenaires deux autres
spécialistes
de l'opérette
des années 1950,
Annie Cordy et André
Bourvil. Ce dernier
étendra toutefois
sa palette d'interprète
à de tout autres
registres, avec
notamment des titres
comme *La Ballade
irlandaise* ou *C'était
bien (au petit bal
perdu)* d'une sensibilité
et d'une modernité
étonnantes.

Inauguré en 1893, l'Olympia avait été le premier music-hall à ouvrir ses portes à Paris, boulevard des Capucines. Transformé en cinéma depuis 1929, il renaît comme music-hall ce 5 février 1954 sous la conduite de son nouveau propriétaire, Bruno Coquatrix. La vedette de la soirée est Lucienne Delyle, celle qui avait lancé le succès de *Mon amant de Saint-Jean* en 1942 ; en première partie : un jeune chanteur qui s'accompagne au piano, Gilbert Bécaud. Son jeu de scène énergique électrise le public. Et quand il passe en vedette sur la même scène de l'Olympia le 17 février 1955, il provoque une hystérie collective, ses admirateurs cassent la moitié des sièges, brisent les vitres, c'est une véritable émeute. Il y gagne une

Lorsqu'il signe ces autographes en mai 1961, Gilbert Bécaud est une vedette au firmament. Il est d'ailleurs une exception qui confirme la règle : contrairement à beaucoup de chanteurs, en effet, le succès lui est venu très rapidement. Et, un peu à la manière d'un Charles Trenet ou d'un Johnny Hallyday, son premier passage sur une scène d'importance a créé une sorte de révolution musicale.

réputation, et un surnom : « Monsieur 100 000 volts ». Gilbert Bécaud devient le héros de la jeunesse. Il est en fait le trait d'union entre le classicisme de la chanson française pour les paroles et les rockers américains dont il s'inspire pour la musique, leur empruntant leur jeu de scène énergique et provocateur, et une façon bien particulière de marteler son piano à la Jerry Lee Lewis. Ce faisant, il bouleverse toutes les habitudes du music-hall français au grand dam d'Eugène Ionesco pour qui sa voix « ne vient ni de la tête ni de la poitrine, mais de très bas, du ventre ou du gros intestin… ». Avec des chansons comme *Salut les copains* ou *Tête de bois* qui deviendront les titres d'émissions de radio et de télévision culte des années « yéyés », on mesure à quel point Gilbert Bécaud est un précurseur.

Lancée en 1952 et animée par l'intarissable Jean Nohain, l'émission télévisée « 36 chandelles »

La révolution des médias

D'autres évolutions annoncent également de profonds bouleversements. Les médias de diffusion de la chanson qui connaissent une relative stabilité depuis les années 1930 vont vivre des mutations radicales.

La télévision, inventée depuis une vingtaine d'années, ne commence à se répandre dans les foyers français que dans les années 1950 ; encore est-ce bien timidement. La seule chaîne en noir et blanc de la RTF (Radio Télévision Française) dessert quelques milliers de postes. Pourtant dès 1952, deux émissions de variétés vont devenir, nostalgie aidant, des émissions culte de la télévision française.

connaît un grand succès populaire. Tous les quinze jours, à une époque où les téléviseurs sont encore rares, elle est le lieu de rendez-vous des familles françaises. Rien d'étonnant dès lors à ce qu'en 1957, un producteur de cinéma avisé en fasse le cadre d'un film de fiction (affiche ci-dessus).

Henri Spade lance « La joie de vivre » qui a la particularité d'être tournée dans une des salles de spectacles historiques de Paris, l'Alhambra. Quinze jours après, Jean Nohain, auteur d'un grand nombre de succès dans les années 1930 avec Mireille, lance « 36 chandelles ». Occupant toute une soirée, ce programme on ne peut plus consensuel et bon enfant connaît un grand succès populaire et peut être considéré comme la première grande émission de variétés audiovisuelle de l'Hexagone. En 1954, huit organismes nationaux de service public de télévision créent « l'Eurovision » dans le but de promouvoir l'échange international de programmes. Et en 1955 naît le « Grand Prix Eurovision de la chanson européenne » où des « jurys nationaux » composés de professionnels et d'un échantillon de spectateurs élisent en direct le lauréat.

En 1956, *Chansons « possibles » et « impossibles »* (ci-dessous) réunit deux 45-tours de Boris Vian parus précédemment. Y figure notamment *Le Déserteur*. Sur scène, c'est Mouloudji qui crée le titre aux Trois Baudets. Le 7 mai 1954, dans la nuit, Diên Biên Phu est tombé aux mains du Viêt-minh ; le titre a été immédiatement interdit d'antenne nationale pour « risque de troubles au sein de l'armée ».

Europe n⁰ 1, la radio dans le vent

Si le petit écran est un nouveau média dont s'empare immédiatement la chanson, la révolution ne vient néanmoins pas de la télévision, sous contrôle étroit de l'État. Elle ne vient pas plus d'ailleurs du versant radio de la RTF. Celle-ci tient consciencieusement à jour un fichier des chansons interdites d'antenne, soit parce qu'attentatoires au bon goût, soit parce que politiquement incorrectes. Georges Brassens, par exemple, a l'honneur d'émarger aux deux registres.

En radio, la révolution arrive de la Sarre, en Allemagne, d'où émet aux premiers jours de 1955 une nouvelle station : Europe n⁰ 1. Sous la conduite de Louis Merlin et de son programmateur Lucien Morisse, elle impose le format américain du « music and news » : des informations et de la musique. Privilégiant le direct, Europe n⁰ 1 est LA station dans le vent, diffusant avant tout le monde les derniers succès comme les dernières informations.

Sa liberté de ton est incomparable avec celle de la radio nationale. En pleins conflits coloniaux – celui de l'Indochine finit à peine que la guerre d'Algérie commence –, les titres interdits d'antenne sur les ondes de la RTF trouvent refuge sur Europe n° 1. C'est le cas notamment du *Déserteur* de Boris Vian, un titre qui ne cesse de faire scandale depuis sa création en 1954.

Parallèlement, Europe n° 1 importe les stratégies marketing des radios et compagnies phonographiques américaines en matière de chanson : création d'un « hit parade », « fabrication » et « matraquage » d'un « tube » de l'été, etc. Quand

Lucien Morisse (Europe n° 1), Eddie Barclay (disques Barclay) et Bruno Coquatrix (l'Olympia), incarnent la révolution économique de la chanson dans les années 1950. De la radio au disque et au spectacle, la route de la consommation est ouverte pour les *teenagers* des années 1960.

en plus, le chanteur a un physique de jeune premier… Avec *Scoubidou* en 1959, le neveu de Ray Ventura, Sacha Distel, est l'archétype de cette nouvelle génération marketing. Mais tout cela n'est possible que parce que le disque lui-même connaît une révolution technologique.

Le disque microsillon

En effet, le disque 78-tours vit ses dernières heures. Le disque microsillon va progressivement le supplanter. Moins fragile, d'une meilleure restitution sonore, il offre surtout, dans son plus grand format (33 tours minute; 25 ou 30 centimètres de diamètre), l'avantage d'une plus grande durée d'écoute qui peut aller jusqu'à vingt minutes par face au lieu des trois minutes du 78-tours. Le format court, le 45-tours, avec deux ou quatre titres, permet, lui, de répondre aux nouvelles exigences de la radio, et de diffuser le « tube », le « hit » du moment.

Son précurseur en France est Eddie Barclay qui, à la tête d'une petite maison de disques, a l'intuition en 1948 d'importer des matrices de disques microsillons pour les commercialiser en France dès 1949; il prend ainsi un temps d'avance sur ses concurrents. Autre intuition de génie: faire des pochettes de disques un argument

Avec *Mets deux thunes dans l'bastringue,* Jean Constantin l'a chanté à sa façon en 1954, le juke-box est indissociable d'un mode de consommation de la chanson qui, sans être nouveau, se massifie après-guerre: l'écoute collective de disques dans les cafés, créant par là même de nouvelles sociabilités. La marque américaine Wurlitzer est la Rolls du juke-box (ci-dessous, le « model 1100 », de 1948-1949).

de vente. Barclay remplace alors la triste enveloppe de papier anonyme du 78-tours par une pochette cartonnée avec photo couleur sur papier glacé ; les autres suivront, là aussi… avec un temps de retard.

En 1958, le même Eddie Barclay, toujours à l'affût de la nouveauté, lance Danyel Gérard, avec le premier titre de rock en français, *D'où viens-tu Billy Boy ?* L'année suivante, Richard Anthony fait ses débuts avec un titre on ne peut plus prémonitoire : *Nouvelle Vague.*

Le disque de format 45-tours est indissociable du juke-box, qui, en mettant la chanson à la portée du plus grand nombre pour un prix modique, est un véritable amplificateur du succès.

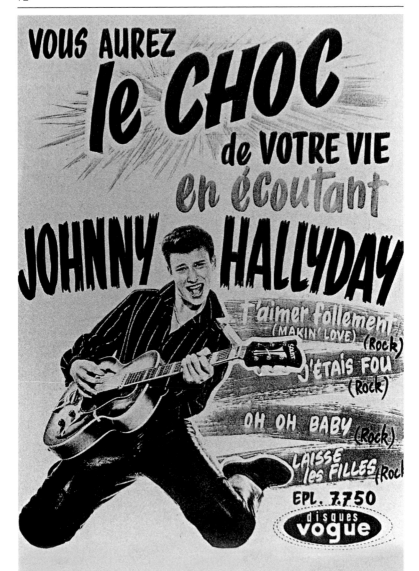

Le retour aux affaires du général de Gaulle et la proclamation de la Vᵉ République assurent à la France une période de stabilité politique et économique. Les États-Unis d'Amérique, où la classe d'âge adolescente a gagné son autonomie, exportent dans le monde entier leurs produits culturels, dont le rock. Né en 1954, ce mélange de country et de rhythm'n'blues séduit une jeunesse éprise de liberté. Elvis Presley, sacré « roi » du rock, fait danser les *teenagers* sur ces rythmes endiablés.

CHAPITRE 4

1958-1980 :
LE TEMPS
DE L'INSOLENCE

La guitare (électrique) symbolise bien la rébellion pour la génération du baby boom. « Est-ce que ma guitare est un fusil ? » chante Jacques Higelin. Peut-être pas, mais beaucoup conçoivent la chanson comme un outil de combat pour remettre en cause la société.

Rock rebelle

À Paris, au Golf Drouot, un ancien golf miniature reconverti en club de jeunes, un public d'amateurs communie autour d'un juke-box en écoutant les nouveaux prophètes américains : Gene Vincent, Bill Haley, Elvis Presley. Parmi les habitués, un certain Jean-Philippe Smet s'y produit avec sa guitare. Le jeune homme fait partie d'une famille d'artistes et, enfant, a sillonné l'Europe de music-halls en cabarets. Comme toute une frange de la jeunesse, il se nourrit de bandes dessinées et de westerns (certains chanteurs y puiseront leurs pseudonymes à consonances américaines). Il se produit pour la première fois en décembre 1959 dans un radio-crochet sous le nom de scène de Johnny Hallyday. En mars 1960, il enregistre son premier 45-tours, avec quatre chansons, dont *T'aimer follement* et *Laisse les filles*. En avril, il chante à l'émission « L'école des vedettes » d'Aimée Mortimer et, en septembre, il passe en première partie du fantaisiste Raymond Devos à l'Alhambra. La salle est divisée entre admirateurs et détracteurs. À Noël, il a vendu près d'un million de disques.

Georges Leroux, l'imprésario de Johnny Hallyday en 1960, aurait voulu que celui-ci chante à Bobino ou à l'Olympia. Mais les directeurs respectifs de ces music-halls refusent. Il se rabat donc sur l'Alhambra, une salle près de la place de la République (qui sera démolie en 1967). Quelques jours avant sa prestation, le jeune chanteur mime pour un copain son tour de chant : il tombe à genoux et se roule par terre en criant. Le jour de la première, à la troisième chanson, Hallyday accomplit en public ce jeu de scène qui le rendra célèbre. Au balcon, les jeunes des quartiers populaires applaudissent tandis que les spectateurs de l'orchestre venus pour Raymond Devos, en deuxième partie du spectacle, crient : « À l'asile ! Sortez-le ! » Sous sa veste et sa chemise à jabot, l'adolescent transpire. À sa sortie de scène, il est sincèrement désolé des réactions d'une partie du public. Le lendemain, la presse quotidienne n'est pas tendre pour lui, mais dès le troisième soir, le public des jeunes, avertis par la rumeur (ses copains du quartier de la Trinité notamment), lui fait un triomphe.

Dans toute la France, des jeunes se passionnent pour ces rythmes binaires (les musiques des chansons étaient habituellement à trois temps), achètent des guitares électriques, des batteries et forment des groupes. Hallyday est déjà devenu le porte-drapeau de cette jeunesse qui voit dans le rock'n'roll une nouvelle façon de vivre tout autant qu'une musique.

Le Golf Drouot s'affirme comme le temple du rock'n'roll français. S'y produisent notamment les Five Rocks (qui deviendront les Chaussettes noires, avec Eddy Mitchell), les Pirates (avec Dany Logan), El Toro et les Cyclones (Jacques Dutronc à la guitare) qui reprennent de nombreux titres des rockeurs américains. Des « tremplins », concours entre groupes, attirent les découvreurs des maisons de disques qui viennent y dénicher leurs futurs artistes.

Moustique, ici dans l'espace exigu du Golf Drouot, enregistrera son premier disque sous le label du même nom créé au sein de la maison Barclay. Rival malheureux de Johnny Hallyday, authentique titi parisien de la Bastille, un peu voyou, la presse voit en lui une sorte de Piaf au masculin. Il arrive deuxième au concours « La guitare d'or » en 1963. Malgré la faveur du public, son style trop rock lui coûtera sa carrière.

Le rock effectue une percée en France, mais il acquiert vite mauvaise réputation : en novembre 1961, lors du premier festival de rock'n'roll du palais des Sports, cinq cents jeunes « blousons noirs » créent des incidents. On tente d'interdire le rock, de le marginaliser en tout cas, comme aux États-Unis où on propose à la télévision des artistes moins sexuellement provocateurs qu'Elvis Presley, ou en ne les filmant qu'en plan serré.

PALAIS DES SPORTS - PORTE DE VERSAILLES
ROCK AND ROLL
SAMEDI 18 NOVEMBRE 1961 - 20 H 45
N° 000924   BALCON   6 NF
Qui boit VABÉ va bien

Le rock marque durablement la chanson française. Les artistes adoptent ses instruments électrifiés et souvent ses rythmes à deux temps. Même si le rock garde des adeptes et s'érige en genre particulier, qui perdure encore aujourd'hui, une grande partie du public se tourne vers de nouvelles modes musicales. Des groupes de rock se séparent ; les chanteurs Eddy Mitchell (les Chaussettes noires) et Dick Rivers (les Chats sauvages) quittent leurs musiciens et entament des carrières solo.

Le raz de marée yéyé

Venues d'outre-Atlantique, des musiques rythmées faites pour danser : twist, madison, mash potatoes, jerk, surf, sont à la mode… Succédané du rock, le yéyé est né : les chansons sont souvent plus lentes, les rythmes moins saccadés, les musiques moins agressives, l'esprit de révolte peu présent. Le twist s'impose d'abord. *Viens danser le twist* (adaptation de *Let's twist again* de Chubby Checker) figure sur le deuxième 45-tours de Johnny Hallyday et est également enregistré par Richard Anthony.

Un nombre incalculable de groupes jouèrent au Golf Drouot lors des tremplins du vendredi soir organisés par Colette et Henri Leproux. Beaucoup, comme Adriana et ses Latins (ci-dessous, en 1962), ne connurent pas la célébrité. Mais ont débuté là Johnny Hallyday ou Eddy Mitchell, Michel Jonasz avec son groupe le King Set, les groupes Martin Circus, Il était une fois, Bijou… Interrompus un temps lors d'une fermeture en 1981 pour des problèmes de licence d'alcool (« Laissez-nous le Golf Drouot », suppliera en chanson Dick Rivers), les tremplins du Golf Drouot reprirent un temps, « délocalisés » au Bus-Palladium jusqu'à la fin des années 1980.

Le twist est une danse solitaire (ci-contre, en 1964 au Golf Drouot). Contrairement au rock, au tango ou à la valse, les partenaires ne se touchent pas. Les groupes de twist qui font danser les jeunes se nomment Claude et ses Tribuns (*Twist familial*), les Bourgeois de Calais (*Le copain que j'ai choisi*), Jean-Pierre et les Rebelles (où officie Jean Sarrus, futur membre des Charlots), les Pingouins dont *Oh! les filles* sera reprise dans les années 1970 par Au bonheur des dames. Des filles enregistrent également : Claudine Coppin (ce n'est pas un pseudonyme) publie *Le Twist du bac*, Maguy Marshall *Mademoiselle Twist*, Audrey Arno *Viens twister*, Nicole Paquin *Ding a ling* et Nicole Croisille *La Leçon de twist...*

Frank Alamo chante *Biche oh ma biche* tandis que *Twist à Saint-Tropez* est interprété par les Chats sauvages. Le sociologue Edgar Morin baptise ce phénomène « yéyé », en référence au « *yeah!* » fréquent dans les textes des adaptations de chansons américaines prisées par cette « nouvelle vague » (titre d'une chanson de Richard Anthony).

Les vedettes, qu'on appelle aussi les « idoles », sont souvent à peine plus âgées que leur public. Johnny Hallyday fait ses débuts à 17 ans, Dick Rivers à 15 ans. Elles sont issues de toutes les catégories sociales : familles d'artistes (Sylvie Vartan, France Gall), fils de famille (Claude François, Frank Alamo), jeunes de banlieue (Sheila, un certain Bernard Tapie qui change son nom en Tapy). Le raz de marée yéyé est le point de départ de longues carrières : Sylvie Vartan, France Gall, Françoise Hardy, Sheila (repérée au Golf Drouot) et Claude François qui débute en 1962, avec *Belles belles belles*.

Les chansons de Sheila évoquent avec bonne humeur la vie quotidienne : *L'Heure de la sortie, C'est ma première surprise-partie...*

D'autres seront plus courtes, comme celles de Billy Bridge (« roi » du madison) et de Jacky Moulière, enfant de la balle comme Johnny Hallyday.

Des contrats pour tous : chacun sa chance

L'industrie du disque a compris que les *teenagers* constituent un groupe à part entière (aujourd'hui, on dirait une « niche »), détenteur d'un réel pouvoir d'achat. D'autre part, comme les coûts d'enregistrement et de fabrication d'un 45-tours ne sont pas très élevés, les maisons de disques enregistrent à tour de bras. Il n'est pas très difficile pour un jeune de signer un contrat. Quand une chanson marche, on la nomme un « tube ». L'émission radiophonique de la jeune station Europe n° 1 « Salut les copains », créée en 1959 – et titre d'une chanson de Gilbert Bécaud de 1957 –, est animée par Daniel Filipacchi qui présente l'actualité du rock américain mais aussi les yéyés français.

Parallèlement à l'émission de radio, est créé, en juillet 1962, le magazine *Salut les copains* qui devient très vite le journal de référence de la presse jeune – il succède à *Disco Revue* qui a ouvert la voie un an plus tôt. D'autres titres suivront : *Mademoiselle Âge tendre*, *Nous les garçons et les filles*… En 1961, « Salut les copains » connaît la concurrence de l'émission télévisée « Âge tendre

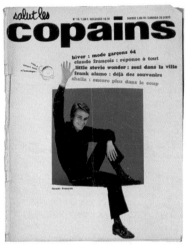

Que trouve-t-on dans le magazine *Salut les copains* ? Un hit-parade, des paroles de chansons (« Les chansons chouchous du mois »), un courrier des lecteurs (« Cher Daniel… »), des reportages sur les idoles en tournée ou chez elles soigneusement illustrés avec des textes assez longs – si l'on compare avec la presse jeunes d'aujourd'hui –, des chroniques de cinéma, de mode… et beaucoup de publicité. Très vite le tirage du magazine atteint le million d'exemplaires. Le titre vivra jusqu'en 1976. Ci-contre, une guitare à broche, un petit blason à l'effigie d'Hallyday, ancêtres de nos pin's, de nos badges…

et tête de bois » d'Albert Raisner, dont le titre est aussi emprunté à une chanson de Gilbert Bécaud.

On crée des fan-clubs autour des idoles, on fabrique et distribue des gadgets (scoubidous, porte-clés…). Les jeunes adoptent de nombreux produits identitaires : jeans, tee-shirts, Coca-Cola. Un mode de vie « jeune » trouve ses rites (les surprises-parties) et ses accessoires. Les transistors sont miniaturisés, faciles à transporter, tout comme les

« Oui je m'appelle chouchou / Mes cheveux ont un succès fou / Vous me connaissez bien / Je suis la mascotte des copains » (*La Mascotte des copains*). Chouchou, son amie Yéyé et le chien Ouah Ouah sont des personnages créés par le dessinateur Philippe Fix. Dans *Salut les copains*, Chouchou est un personnage de bande dessinée, quant au « chouchou » et au « superchouchou », ce sont les chansons préférées de la semaine. À la radio et en disque, la voix de Chouchou sera celle – accélérée – de Jacques Revaux, le futur compositeur des chansons de Michel Sardou.

Sylvie Vartan (ci-contre, en 1963) débute dans la chanson, poussée par son frère chef d'orchestre, Eddy, qui l'associe à Frankie Jordan pour le duo *Panne d'essence*.

électrophones, notamment ceux de la marque Teppaz. Bientôt apparaît le magnétophone à minicassette. La culture jeune est mondiale mais a aussi ses déclinaisons nationales.

Sur cette photo prise par Jean-Marie Périer le mardi 12 avril 1966 à 16 heures, on reconnaît de gauche à droite et de haut en bas les quarante-six « idoles » suivantes :

Sylvie Vartan, Johnny Hallyday, Jean-Jacques Debout, Hugues Aufray, Catherine Ribeiro, Eddy Mitchell, Danyel Gérard, le guitariste Claude Ciari (ancien membre des Champions), France Gall, Serge Gainsbourg, Frankie Jordan, Michèle Torr, Sheila, Chantal Goya, Dany Logan, Michel Paje, Ronnie Bird, Jacques Monty, Sophie, Noël Deschamps, Jacky Moulière, Annie Philippe, Claude François, Eileen, Guy Mardel, Billy Bridge, Michel Berger, Michel Laurent, Nicole (des Surf), Salvatore Adamo, Thierry Vincent, Tiny Yong, Antoine, Françoise Hardy, Benjamin, Dick Rivers, Monique (des Surf), Hervé Vilard, Jocelyne, Dave (des Surf), Rocky (des Surf), Coco (des Surf), Pat (des Surf), Le Petit Prince, Richard Anthony et Christophe. Toutes les gloires, même fugitives, de l'époque yéyé figurent sur cette « photo de classe ». Quarante ans après, beaucoup sont toujours des chanteurs en activité.

Parlez-vous yéyé ? (le « parler-copains »)

Les chansons yéyés, au départ adaptations de succès américains, sont très vite écrites directement en français. Les paroles abordent les préoccupations des jeunes (pas de religion ni de politique : on est en pleine guerre d'Algérie) mais sont moins sexuellement suggestives que dans le rock. Elles parlent d'amour, de bonheur et d'amitié. On a quelquefois critiqué la simplicité de ces paroles. Les chanteurs ne font pas d'effets vocaux, n'interprètent pas leurs chansons de façon théâtrale, comme les chanteurs rive-gauche. Les textes ne visent pas la qualité littéraire mais valent pour leur naturel, leur caractère direct et leur sincérité. On est persuadé que c'est d'elle que Françoise Hardy parle quand elle chante : « Tous les garçons et les filles de mon âge / S'en vont dans la rue deux par deux / Oui mais moi je vais seule / Par les rues l'âme en peine / Car personne ne m'aime » (*Tous les garçons et les filles*).

Dans le vocabulaire yéyé, le terme « copain » tient une place particulière (on le trouve déjà dans une chanson des années 1930 de Fréhel, *Ohé les copains*) et nombre de chansons en font un thème d'inspiration (*C'est bien joli d'être copain*, Le Petit Prince).

Les copains sont opposés aux adultes, aux parents, qu'on appelle les « croulants ». Les yéyés semblent ne déranger personne. Pourtant, certains éditorialistes de la presse quotidienne les fustigent, presque aussi sévèrement qu'ils le faisaient à l'égard des jeunes « rockers » : « Sur toutes les longueurs d'onde, le ton est le même : on frappe sur les mêmes rythmes avec

Dans le domaine de l'électronique grand public, l'arrivée de la technologie du transistor à la fin des années 1950 a transformé la vie quotidienne. « On va pique-niquer / Mais jamais sans un transistor », chante Dalida (*Baisse un peu la radio*). Ce bouleversement ne concerne pas seulement les adolescents. En Algérie, les jeunes appelés se rassemblent autour d'une radio-transistor pour écouter les nouvelles et les chansons à la mode. Les électrophones sont aussi à transistor et surtout « à piles ». Les gros magnétophones à lampe sont remplacés vers 1964 par les « minicassettes », portables également (ci-dessus). Avec le tourne-disque (ou pick-up), le moulin à café et les scooters Vespa, ces appareils sont aujourd'hui très prisés des collectionneurs.

les mêmes mots, et cette nouvelle mythologie a ses rites précis, ses interdits et ses lois. On y répudie avec insolence et sottise le monde adulte », écrit André Brincourt dans *Le Figaro*.

Pendant la période yéyé (le « temps des copains », disait-on), « fleurissent » de nombreux chanteurs de charme, mieux vus des parents : Michel Delpech, Salvatore Adamo, François Deguelt, Alain Barrière… Un jeune rapatrié d'Algérie, Enrico Macias, chante l'exil, puis l'assimilation et la fraternité. On les voit tous à la télévision dans

Françoise Hardy – l'« endive du twist » comme crut bon de la surnommer l'animateur Philippe Bouvard – est l'une des rares artistes françaises de l'époque yéyé dont la réputation ait passé les frontières. La chanteuse, qui suscitait plus habituellement des avis admiratifs sur sa beauté et son élégance, fréquenta le swinging London, Mick Jagger, le chanteur des Rolling Stones, se produisit au Savoy et connut une véritable popularité au Royaume-Uni. Ses ballades à la guitare séduisaient un public d'adolescents sensibles aux thèmes éternels : l'amitié, la nostalgie, la mélancolie amoureuse. Au fil de sa carrière, elle eut l'intelligence de s'entourer de complices capables d'élargir la palette de ses possibilités vocales et musicales. Gainsbourg, Michel Berger, la Brésilienne Tuca, Gabriel Yared, Jonasz, Rodolphe Burger…

« Le palmarès des chansons » de Guy Lux qui débute en 1965, tandis qu'en 1966 a lieu le premier « Sacha [Distel] Show » produit par Maritie et Gilbert Carpentier. Quant au « Petit conservatoire de la chanson » de Mireille (la créatrice de *Couchés dans le foin*), c'est un cours de chant filmé par la télévision.

La folie yéyé culmine avec le grand concert de la Nuit de la Nation, le 22 juin 1963. Cette fête, organisée par *Salut les copains* pour le premier anniversaire du journal, attire entre cent mille et deux cent mille personnes qui viennent voir et écouter leurs idoles : Johnny Hallyday, Eddy Mitchell et les Chaussettes noires, Dick Rivers, Frank Alamo, Richard Anthony, Sylvie Vartan. Ce premier rassemblement de masse, qui en annonce d'autres, démontre, s'il en était besoin, qu'une culture « jeune » est née. Edgar Morin analyse le phénomène dans un article du *Monde* en juillet 1963 : « La nouvelle classe adolescente apparaît comme le microcosme de la société tout entière : elle porte en elle les valeurs de la civilisation en développement : la consommation, la jouissance, et elle apporte à cette civilisation sa valeur propre : la jeunesse. »

Jacques Dutronc, devenu directeur artistique dans la maison de disques Vogue, écrivait des chansons, avec Jacques Lanzmann. C'est par hasard qu'il les enregistra…

Un vent de dérision et de contestation

Assimilés à la vague yéyé parce qu'ils en sont contemporains, certains chanteurs s'en démarquent et remportent néanmoins du succès. Nino Ferrer, ancien musicien de jazz, chante du rhythm'n'blues sur des textes français à l'humour ravageur

(*Oh! hé! hein! bon!…*). Jacques Dutronc (ex-guitariste d'El Toro et des Cyclones) atteint la célébrité, et sa chanson *Les Cactus* (1966), écrite avec le journaliste écrivain Jacques Lanzmann, est même citée à la tribune de l'Assemblée nationale par le Premier ministre Georges Pompidou.

Dès 1964, Hugues Aufray fait découvrir au public français le chanteur folk américain Bob Dylan en le traduisant en français (album *Aufray chante Dylan*). Le Néo-Zélandais Graeme Allwright contribue également à répandre en France cette tradition du *protest song* américain (*Qu'as-tu appris à l'école ?*), adaptant Leonard Cohen et Tom Paxton. Tous deux se fabriquent un répertoire original. Leurs chansons, empreintes d'humanisme, feront longtemps les belles heures des veillées entre jeunes et figureront dans nombre de carnets de chant. On est bien loin des chansons pour surprises-parties.

La vague yéyé est balayée par l'arrivée vers 1965 de nouveaux artistes, tels les beatniks Antoine (*Les Élucubrations*) et Michel Polnareff (*L'Amour avec toi*), qui s'en prennent, à leur manière, aux conservatismes de la société : « Ma mère m'a dit Antoine fais-toi couper les cheveux / Je lui ai dit Ma mère dans vingt ans si tu veux / Je ne les garde pas pour me faire remarquer / Ni parce que je trouve ça beau / Mais parce que ça me plaît » (*Les Élucubrations d'Antoine*).

Michel Polnareff (ci-contre, en 1966 devant le Sacré-Cœur) publie la même année : « Il est des mots qu'on peut penser / Mais à ne pas dire en société / Moi je me fous de la société / Et de sa prétendue moralité / J'aimerais simplement faire l'amour avec toi » (*L'Amour avec toi*). Compositeur et orchestrateur doué, chanteur au timbre haut perché intéressant, Polnareff n'aura pourtant pas une carrière à la hauteur de son talent.

Un jour, Nino Ferrer enregistre un morceau instrumental avec ce refrain « Oh! hé! hein! bon! ». Lors d'une prise, il a une quinte de toux. Le directeur artistique décide de garder la prise. Ferrer ajoute alors ces paroles : « Où sont mes gouttes, mes pastilles, mon sirop, ma camomille… »

Les cheveux poussent sur les épaules des garçons, la minijupe fait son apparition, l'usage de la pilule contraceptive se répand. Un climat de liberté est nettement perceptible.

Le public plébiscite les groupes anglais de rock, musicalement ambitieux et plus professionnels que la plupart des chanteurs yéyés, qui déferlent sur le monde (Beatles, Rolling Stones, Who) et élèvent ce genre musical au rang de philosophie. Un peu plus tard, aux États-Unis, entrent en scène les Doors, Janis Joplin et Jimi Hendrix. Un vent d'anglophilie souffle. La chanson française subit de plein fouet cette influence majeure.

La chanson d'auteur résiste

La chanson française à texte résiste mieux qu'il n'y paraît. Dans sa chanson sur la déportation (*Nuit et brouillard*), Jean Ferrat chante : « Je twisterais les mots s'il fallait les twister. » Il n'aura finalement pas à le faire et ses mises en musique de poèmes d'Aragon connaîtront une grande diffusion. En fait, les frontières entre les genres ne sont pas si étanches : Charles Aznavour, auteur-interprète, écrit aussi pour Hallyday (*Retiens la nuit*) et Sylvie Vartan (*La plus belle pour aller danser*), de même que Serge Gainsbourg offre des chansons à France Gall (*Poupée de cire, poupée de son*) et à Petula Clark (*La Gadoue*).

Diverses légendes circulent à propos du spectacle de Sylvie Vartan et des Beatles à l'Olympia en 1964 (ci-contre). En fait, après avoir rodé leur show la veille au cinéma Cyrano de Versailles, les Beatles se produisent le 16 janvier 1964 à l'Olympia (et pour trois semaines) dans un spectacle où ils sont co-vedettes avec Sylvie Vartan et l'Américain Trini Lopez. Sur la façade du music-hall, les lettres au néon des trois noms sont de la même taille, de même que sur le programme. L'ordre de passage est le suivant : Pierre Vassiliu puis Trini Lopez en première partie ; après l'entracte viennent Sylvie Vartan et ensuite les Beatles, un jongleur faisant un numéro entre Sylvie et eux. L'idée de Bruno Coquatrix était de proposer un spectacle qui plairait aux jeunes. Au moment où il avait signé les contrats (juillet 1963), les Beatles n'étaient que des étoiles montantes et ne pouvaient donc pas occuper le haut de l'affiche. Quant à Sylvie Vartan, elle interprétait huit chansons et terminait par *Si je chante*.

Les carrières de Georges Brassens, Jacques Brel, Léo Ferré sont à leur faîte. Ces géants enregistrent régulièrement des disques, se produisent dans les music-halls parisiens et enchaînent les tournées en province. En octobre 1966, Jacques Brel fait ses adieux à la scène. Il craint d'en connaître toutes les ficelles et commence une nouvelle vie :

Serge Gainsbourg, sombre chanteur inspiré par Boris Vian, est aussi un faiseur de tubes. Il a une qualité d'adaptation

comédie musicale (*L'Homme de la Mancha*), cinéma, voyages. La carrière de Barbara explose. Après avoir chanté Fragson, Xanrof et bien d'autres, elle livre au public ses propres compositions, où le piano accompagne une voix déchirante qui déroule ses histoires les plus intimes (*Nantes, Göttingen*).

Dans la tradition du cabaret également, Jacques Debronckart (*J'suis heureux*), Henri Tachan (*L'Adolescence*), Gribouille (*Mathias*), Maurice Fanon et sa femme Pia Colombo (*L'Écharpe*) publient des disques, chantent dans des cabarets qui existent encore et dans le circuit des MJC (maisons des jeunes et de la culture).

étonnante et sait tailler sur mesure des chansons pour ses interprètes. Parmi elles, France Gall, collégienne à la voix acidulée dont la discographie est une suite de conseils : *Ne sois pas si bête, N'écoute pas les idoles, Laisse tomber les filles...*

Preuve de la vitalité de la chanson à texte, de jeunes auteurs-compositeurs-interprètes (on les appelle désormais les « ACI ») arrivent : Leny Escudero (*Pour une amourette*) et Georges Chelon (*Père Prodigue*), aux répertoires mélancoliques et engagés. Serge Lama (*Les Ballons rouges*), de cette école du cabaret, parvient à toucher un large public.

Leny Escudero (ci-contre) a été carreleur avant que ses chansons romantiques et vécues et le timbre voilé de sa voix séduisent un public qui apprécie aussi ses engagements (*Je t'attends à Charonne*). Jean Ferrat (ci-dessous), laborantin dans la chimie du bâtiment, chante Montand et Mouloudji pour se distraire. Après des années d'apprentissage au cabaret, il connaît son premier succès en 1962 avec *Deux enfants au soleil*.

Avant de connaître le succès, Claude Nougaro a bien du mal à faire entendre ses chansons swing à l'écriture cinématographique (*Une petite fille, Cécile*) : sa maison de disques menacera de rompre son contrat car les ventes sont insuffisantes. Dans une veine poétique promue par Luc Bérimont dans son émission de France-Inter « La fine fleur de la chanson française », Marc Ogeret, Jacques Douai, Hélène Martin, Monique Morelli, Francesca Solleville chantent Aragon, Bruant, Nazim Hikmet, Pierre Seghers, Jean Genet et bien d'autres. Giani Esposito (*Les Clowns*), Jacques Bertin (*À Besançon*), Isabelle Aubret (*C'est beau la vie*), Guy Bontempelli (*Quand je vois passer les bateaux*) et Môrice Bénin (*Plus tu es heureux*) font également preuve d'une exigence de qualité.

Originaires du nord de la France, Jean-Claude Darnal, Raoul de Godewarsevelde (*Quand la mer monte*, écrite par le précédent) et Jacques Yvart rencontrent un large écho avec des chansons qui évoquent souvent la mer et les voyages.

À la télévision, des émissions comme « Discorama » (de Denise Glaser) et « Bienvenue » (de Guy Béart) sont des écrins pour cette catégorie de chanson française. La Fête de l'Humanité (comme d'autres fêtes politiques, celle du PSU notamment) accueille chaque année tous ces créateurs dans un réel œcuménisme. En dehors de l'Olympia et de Bobino, il n'y a plus beaucoup de music-halls à Paris et on investit de nouveaux lieux comme le palais des Congrès à la Porte Maillot.

La bande-son de Mai 68

En 1968, des révoltes étudiantes touchent simultanément plusieurs parties de la planète. Particulièrement puissant en France, le mouvement a des répercussions importantes sur la société et la chanson française endosse l'esprit rebelle de Mai 1968, même si, dans un premier temps, elle ne se trouve pas au cœur du mouvement étudiant. Exception faite de Dominique Grange, espoir des disques Bel Air, qui s'investit dans le CRAC (Comité révolutionnaire d'action culturelle) créé dans la cour de la Sorbonne occupée. Elle enregistre sous le label « Expression spontanée » des titres évocateurs (*À bas l'État policier*) ainsi qu'en 1970, une chanson en forme d'hymne : *Nous sommes les nouveaux partisans*.

« Même si le mois de mai / Ne vous a guère touché / Même s'il n'y pas eu / De manif dans votre rue / Même si votre voiture n'a pas été incendiée / Même si vous vous en foutez / Chacun de vous est concerné », chante la future égérie maoïste Dominique Grange, convaincue que la chanson peut être un moyen efficace pour « éduquer les masses » (ci-dessous, son 45-tours où figure le titre *Chacun de vous est concerné*).

Parmi les chansons qui constituent la « bande-son » de Mai 68, émergent *La Cavalerie*, d'un Julien Clerc qui débute, ainsi que *Les loups sont entrés dans Paris*, chantée par Serge Reggiani, qui semble évoquer les bataillons de CRS se dirigeant vers la capitale pour réprimer les manifestations étudiantes. L'excellent album de Serge Reggiani où figure cette chanson, enregistré en 1967, marque un renouveau de la chanson à texte.

François Béranger (ci-dessus, au théâtre de la Renaissance à Paris, en novembre 1974) fera de nombreuses tournées en province dans le circuit alternatif et militant.

Dans l'écurie Polydor où il enregistre les disques suivants, sous la direction artistique de Jacques Bedos, il est rejoint par Georges Moustaki (*Le Métèque*), qu'il chante aussi (*Ma solitude*), Jean-Michel Caradec (*Mai 68*), Dick Annegarn (*Bruxelles*) et surtout Maxime Le Forestier. Fin mélodiste, admirateur de Brassens et du folk américain, ce dernier conquiert un large public avec un répertoire qui comprend chansons militantes percutantes (*Parachutiste, Entre 14 et 40 ans*) et ballades tendres (*Fontenay-aux-Roses, San Francisco*).

Ci-dessous, le premier album de Maxime Le Forestier paru en septembre 1972.

Léo Ferré, en phase avec les idées de l'époque, connaît un regain de popularité : il est accompagné d'un groupe rock et s'engage en chansons (*Ils ont voté, Le Conditionnel de variété*). Puis il casse la forme de la chanson traditionnelle de 3 minutes en créant de longs morceaux comme *Il n'y a plus rien*.

maxime le forestier

Des influences assimilées

Colette Magny se rapproche du jazz, du free jazz même, comme Brigitte Fontaine et Areski qui improvisent avec l'Art Ensemble of Chicago. L'intérêt pour le folk traduit une recherche identitaire régionale et une volonté de mise en valeur des répertoires traditionnels, ainsi Gilles Servat, Alan Stivell, Tri Yann (Bretagne), Marti, Joan Pau Verdier (Occitanie), Roger Siffer (Alsace). Autre forme d'identité revendiquée : la francophonie québécoise avec Robert Charlebois, Gilles Vigneault, Diane Dufresne et le groupe Beau Dommage (*La Complainte du phoque en Alaska*), avec Michel Rivard, aux harmonies plus pop.

François Béranger débute en 1969 avec la chanson *Tranche de vie*, morceau très fort d'une sorte de Woodie Guthrie français. Très vite, comme la chanteuse Catherine Ribeiro dont le groupe s'appelle Alpes, il a recours à des musiciens rock. Béranger influencera fortement Renaud avec qui il partage une même admiration pour Aristide Bruant. Le jeune chanteur publie son premier album en 1975 (avec la

La fantaisie débridée de Brigitte Fontaine (ci-dessous, en 1969) aura toujours du mal à s'exprimer dans les formats étroits du show business. Musique berbère, free jazz, comptines, dialogues absurdes, ses chansons sont des trésors d'invention.

chanson *Hexagone*), début d'une longue carrière.
Il excelle dans les chansons engagées (*Miss Maggie, Socialiste*), drôles (*Mon beauf, En cloque*) ou tendres (*Mistral gagnant, le Sirop de la rue*). En 1980, cet auteur à l'écriture soignée interprète à Bobino une sélection de chansons réalistes du début du siècle.

« Quelquefois l'ami comme toi je suis triste / Et pour oublier je connais un moyen / Essaie-le toujours tu verras / Prends ta guitare, chante avec moi » (*Prends ta guitare, chante avec moi*).

FUGAIN ET LE BIG BAZAR

Utopies et engagements

Paradoxalement, nombre de ces chansons contestataires inspirées par l'esprit de Mai 68 sont publiées par les grandes firmes discographiques. C'est dire qu'elles représentent un potentiel commercial non négligeable. De nouveaux labels se créent, comme Vendémiaire, L'Escargot, Oxygène ou Saravah (devise : « il y a des années où l'on a envie de ne rien faire »), autour de Pierre Barouh, où signeront notamment Jacques Higelin et Brigitte Fontaine (*Cet enfant que je t'avais fait*), Nicole Croisille (*Killy*), Jean-Roger Caussimon (*Les Cœurs purs*)… L'émission « Campus », animée par Michel Lancelot, sur Europe n° 1, ouvre son micro à tous ces nouveaux créateurs.

Idéaliste et adepte des aventures collectives, Michel Fugain, après avoir monté une comédie musicale en 1971, *Un enfant dans la ville*, crée en 1973 le Big Bazar (ci-dessus, en tournée à Lille en 1975). Puis en 1977, il monte avec sept cents figurants un spectacle de rue au Havre (Seine-Maritime), *Un jour d'été dans un Havre de paix*, où figure *Le Chiffon rouge*, chanson qui deviendra un classique chanté lors de grèves et de manifestations.

Les utopies communautaires s'incarnent dans l'adaptation de comédies musicales (*Hair*, *Godspell*) et dans une troupe de chanteurs-danseurs qui accompagnent Michel Fugain (le Big Bazar). Les chansons d'un Pierre Vassiliu (*Une fille et trois garçons*) ou d'un Gérard Palaprat (*Fais-moi un signe*) rendent également compte de ce climat « hippy » à la française. L'ironie caustique des chansons de Gilbert Laffaille (*Le Président et l'éléphant*, à propos des chasses africaines du président Valéry Giscard d'Estaing) et la fantaisie d'un Yvan Dautin (*Les Mains dans les poches sous les yeux*) portent aussi la marque de cette période.

Le graphisme pop art de la partition des *Bals populaires* (grand prix de la Sacem, 1971) montre que si Michel Sardou se démarque des engagements des jeunes de sa génération, et notamment en politique, il est toutefois marqué par « l'air de son temps ».

L'engagement des chanteurs est le plus souvent à gauche, mais certains revendiquent des idées plus à droite. Philippe Clay dénonce dans *Mes universités* les étudiants qu'il oppose à la génération à laquelle il appartient et à qui il attribue toutes les qualités. Michel Sardou, totalement à contre-courant des jeunes, prône le soutien à l'intervention militaire américaine au Viêtnam et défend la peine de mort pour les assassins d'enfants (*Je suis pour*). En prenant de l'âge, il recentrera son discours et interprétera sur des thèmes plus consensuels des chansons joliment tournées (*En chantant*, *Les Lacs du Connemara*) qui en feront un des chanteurs préférés des Français.

Coiffé d'une casquette de gavroche, Renaud (ci-contre, en 1985) commence à chanter dans la rue, en s'accompagnant d'un accordéon. Dès son deuxième album, il évolue vers un style plus rock, à la Bruce Springsteen, avant d'enregistrer un album avec un groupe folk irlandais (*Marchand d'cailloux*), un autre de chansons en patois chtimi et de reprendre des chansons de Brassens.

Évolutions dans le show business et les médias

Dès l'ère yéyé, un bouleversement s'est produit dans le petit monde de la chanson : désormais le disque est plus important que la scène. Il n'est pas nécessaire d'y avoir fait ses preuves pour enregistrer. Certains artistes n'en feront d'ailleurs jamais. Un autre phénomène se répand : beaucoup de chanteurs créent leur propre maison de disques. Ainsi, Henri Salvador, Mouloudji, Anne Sylvestre, Guy Béart (Temporel), Pierre Perret (Adèle) ou Claude François (Flèche)

Les années 1970 sont un âge d'or pour la chanson dite de variétés. De nombreuses émissions télévisées lui sont consacrées, quotidiennes (Danièle Gilbert) ou hebdomadaires (Guy Lux), présentant toujours les mêmes artistes : Mireille Mathieu, Nana Mouskouri, Joe Dassin, Marie-Paule Belle, Marie Laforêt, Nicoletta, Stone et Charden... Dans les émissions de Maritie et Gilbert Carpentier (« Numéro 1 », « Top à... »), ces représentants d'une chanson populaire bien faite se retrouvent pour interpréter des duos et de petits sketches. L'époque a aussi ses fantaisistes, héritiers de Dranem et de Mayol : Marcel Amont, les Charlots, Carlos ; ses chanteurs à accents : Rika Zaraï, Mike Brant, Julio Iglesias, Jeane Manson, Mort Shuman... « Le grand échiquier » de Jacques Chancel accueille des interprètes moins consensuels (Brassens, Ferré, Catherine Sauvage...) qu'il fait cohabiter avec des musiciens classiques.

Maritie et Gilbert Carpentier débutent à la télévision en 1961 et produisent jusqu'en 1981 des émissions qui sont souvent des parodies de comédies musicales. Gilbert est en régie, tandis que Maritie reste sur le plateau ou dans les loges avec les artistes. Néanmoins, ils n'ont pas le génie d'un Jean-Christophe Averty qui avec « Les raisins verts » sert la chanson française comme jamais la télévision ne l'avait fait.

La généralisation de la stéréophonie et des chaînes hi-fi rend le public plus exigeant quant à la qualité sonore des disques, et des orchestrateurs-arrangeurs, comme Claude Bolling ou Jean-Claude Petit, participent au travail de création.

Sophie Darel (à droite) coanime beaucoup d'émissions avec Guy Lux, qui est passé du « Palmarès des chansons » à « Cadet

Électrons libres

L'époque connaît beaucoup d'électrons libres : Serge Gainsbourg, Jean-Claude Vannier, son arrangeur pour certains albums (le très novateur *Histoire de Melody Nelson*, 1971), qui est aussi un chanteur rare ; Christophe, Nino Ferrer (tous deux rescapés de la période yéyé) qui réalisent des albums ambitieux, produits avec soin. En dehors des sentiers battus, Gérard Manset (*Il voyage en solitaire*) et Hubert-Félix Thiéfaine (*La Fille du coupeur de joints*) ouvrent les portes d'univers oniriques qu'il faut savoir mériter, et rassemblent l'un et l'autre tout un public sans l'aide des médias.

Le début des années 1970 voit beaucoup de chanteurs issus du style rive-gauche utiliser l'idiome rock. Mama Béa Tékielski (*Soleils ?*),

Rousselle » et à « Ring Parade ». On reconnaît sur la photo Shuky et Aviva, Adamo, Pierre Perret, Régine, C. Jérôme… Chemises à jabot, salopettes, pantalons à pattes d'éléphant, déguisements bariolés et décors kitsch, c'est la variété des années 1970 dans ce qu'elle a de plus clinquant.

Jacques Higelin (*Alertez les bébés*) et Bernard Lavilliers (*Bats-toi*) remportent un succès certain auprès d'un public de plus en plus jeune, majoritairement lycéen. Dans une veine plus mélodique, il faut saluer le travail de Véronique Sanson (*Besoin de personne*), dont le premier album est produit par Michel Berger. S'accompagnant au piano, sa voix se déploie dans un vibrato magique

Michel Jonasz, Laurent Voulzy et Alain Souchon en septembre 1980. La « nouvelle chanson française » n'est pas un club ni une association, mais un groupe de chanteurs (il faut ajouter les noms

et déroule des textes dans un français aux accents blues. Cette pionnière suscitera beaucoup de vocations féminines. Michel Berger chante dans un registre un peu soul (*La Groupie du pianiste*) et en duo avec France Gall, son épouse (*Il jouait du piano debout*). William Sheller (*Un homme heureux*) et Catherine Lara (*Morituri*), de formation classique, s'essaient à des arrangements « symphoniques ».

de Louis Chédid et de David McNeil), amis à la scène comme à la ville qui se retrouvent souvent en famille chez Alain Souchon, près de Tours. Les enfants Souchon (Pierre), Voulzy (Julien) et Chédid (Matthieu) formeront un groupe éphémère, les Poissons rouges, puis les deux premiers un duo, les Cherche-Midi.

La « nouvelle chanson française »

Les années 1970 consacrent les « nouveaux philosophes », la « nouvelle cuisine » mais aussi la « nouvelle chanson française ». Derrière le concept marketing, qui en sont les initiateurs et que proposent-ils de nouveau ? En 1974, Alain Souchon et Laurent Voulzy sont présentés l'un à l'autre par un directeur artistique de la maison de disques RCA, où officie également le chanteur-écrivain Yves Simon (*Au pays des merveilles de Juliet*) et que vient de rejoindre David McNeil (*Papa jouait du rock'n'roll*), inspirateur revendiqué. Le tandem Souchon-Voulzy (Alain pour les paroles, Laurent pour la musique) fait merveille. Ils écrivent alternativement les albums de l'un et de l'autre. On les compare aux Beatles Lennon et McCartney. À la radio, sur France-Inter, Jean-Louis Foulquier se fait le chantre de cette nouvelle génération qui, sans complexes devant les créateurs anglo-saxons, invente dans l'écriture une forme de légèreté et de grâce qui faisait défaut aux chanteurs rive-gauche.

On peut rattacher à ce courant Michel Jonasz (*Supernana*), Louis Chédid (*T'as beau pas être beau*),

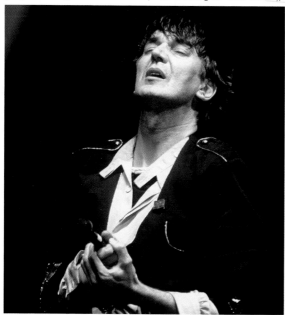

Bernard Lavilliers (ci-dessus) et Jacques Higelin (ci-contre) remplissent les salles de concerts dans les années 1970 avec une régularité de métronome. Ils vendent également beaucoup de disques. Tous deux ont en commun d'avoir mis longtemps à accéder au succès. Le premier a subi l'influence de Léo Ferré, le deuxième celle de Charles Trenet. Le premier est stéphanois, le second d'origine lorraine. Le premier se comporte sur scène comme un boxeur, le deuxième comme un funambule. Ils partagent la même pugnacité et une énergie qui n'excluent pas une grande part de rêve et de tendresse. Le public ne s'y trompera pas.

Philippe Chatel (*Mister Hyde*), Francis Lalanne (*La Maison du bonheur*), Francis Cabrel (*Petite Marie*), Yves Duteil (*La Maman d'Amandine*) et quelques autres. Souchon restera sceptique sur la pertinence de l'étiquette : « Elle croit qu'elle a tout inventé / Pauvre Gainsbourg, pauvre Charles Trenet / La nouvelle chanson française » (*Nouveau*). Et, dans le manifeste qu'il met dans la bouche de Laurent Voulzy, ils revendiquent une filiation honnie : « On fait yeah yeah / On est des yéyés » (*Idéal simplifié*).

Les musiciens punk font des chansons sans mélodie, revendiquent de jouer faux et éructent des slogans agressifs à l'égard de la reine d'Angleterre et des institutions (ci-dessous, punkette londonienne au Roxy Club lors d'un concert du groupe Damned en 1976).

Le Printemps de Bourges, créé en 1977 par Daniel Colling, accompagne ce renouveau de la chanson. De même, en 1979, la maison RCA lance la collection « Paroles et Musique » qui publiera une trentaine d'albums où des représentants de cette « nouvelle » chanson côtoient Béart et Béranger. Le premier numéro d'une revue qui porte le même nom paraît en 1980 (le trimestriel *Chorus* en a aujourd'hui pris la suite), année où Georges Brassens tombe gravement malade. La « camarde », qu'il avait tant chantée, l'emportera l'année suivante.

T'es punk ou t'es disco ?

Deux nouveaux courants musicaux font leur apparition vers 1977. En Grande-Bretagne, les musiciens punk (Sex Pistols, Clash), par réaction à la sophistication des grands groupes de rock, revendiquent une certaine rudesse dans le jeu et dans le look (épingles à nourrice, cheveux courts en pétard), une énergie qui en fait les héritiers des pionniers du rock. Originaire des États-Unis et d'Allemagne, le disco, ancêtre de la techno, est une musique de danse inspirée par la soul et le rhythm'n'blues. Popularisée par le film *Saturday night fever*, elle fait appel aux boîtes à rythmes et à d'autres instruments électroniques. L'ensemble de la variété française en subit l'influence. Dans les grandes villes, la vie nocturne est intense, les discothèques sont pleines, il règne un indéniable climat festif. Certains chanteurs yéyés (Sheila, Claude François) amorcent une reconversion disco. Une chanson (*Banana split*, par Lio) témoigne de ces nouvelles influences, mâtinées d'un texte au second degré très « gainsbourien ».

Quant au faux punk belge Plastic Bertrand, sa chanson *Ça plane pour moi* prend place dans les hit-parades anglais, tandis que Patrick Juvet propulse en tête des classements américains son on ne peut plus disco *Où sont les femmes ?* (paroles de Jean-Michel Jarre). Les chanteurs français seraient-ils en train de battre sur leur propre terrain leurs modèles anglo-saxons ?

Carène Cheryl (ci-dessous), qui a étudié la batterie au conservatoire, américanise son prénom en Karen et enchaîne les tubes disco : *Oh! chéri chéri, Sing to me Mama*.

Le Suisse Patrick Juvet (en haut) est un mélodiste doué (*La Musica, Toujours du cinéma, Le Lundi au soleil* pour Claude François). La vague disco le conduit aux États-Unis où il enregistre *I love America*. C'est son parolier Jean-Michel Jarre qui l'entraîne dans cette voie. Jarre est un des pères fondateurs des musiques électroniques. Il donne régulièrement de grands concerts à travers le monde.

Changements politiques, prises de conscience humanitaires, révolution numérique : les bouleversements qui touchent la société vont exercer une influence sur la chanson. Les clips vidéo, les grands rassemblements, comme ceux de SOS Racisme, sont agités de nouveaux rythmes : reggae, rap, zouk, techno... Mais les « foules sentimentales » manifestent également un attachement sans réserve à des artistes dont les chansons les ont accompagnées toute leur vie : Trenet, Montand, Hallyday, Nougaro, Julien Clerc...

CHAPITRE 5

1980-2004 : MÉTISSAGES ET NOSTALGIES

Jazz, funk, rock, sonorités africaines, brésiliennes, celtes, Claude Nougaro puise dans toutes les musiques. En 1987, il publie *Nougayork*, l'album qui lui permet de toucher les jeunes générations. À sa mort en mars 2004, Toulouse, sa ville natale, lui rend un vibrant hommage.

samedi 21 juin 86
FÊTE DE LA MUSIQUE

ministère de la culture et de la communication

Du nouveau à la radio et à la télévision

L'élection en 1981 de François Mitterrand, la nomination de Jack Lang comme ministre de la Culture inaugurent, pour les pouvoirs publics, une politique plus interventionniste dans les secteurs

de la culture et de la communication, ce que les gouvernements suivants ne remettront pas en cause. Ce même gouvernement donne le coup de grâce au monopole de l'État en matière de médias audiovisuels, télévision comme radio. Trois chaînes de télévision privées voient le jour, la Cinq (« offerte » à Silvio Berlusconi, qui s'illustre dans des programmes de variétés à paillettes particulièrement ineptes, avant de sombrer), une sixième chaîne (avec, au départ, une vocation nettement musicale) et Canal +.

Le clip vidéo profite de l'apparition de ces nouvelles chaînes, puis de celles du câble et du satellite. Les chansons qui en font l'objet sont conçues comme de petits films (*Thriller*, de Michael Jackson, par John Landis en 1984, ou *C'est comme ça*, des Rita Mitsouko, par Jean-Baptiste Mondino en 1986 font figure de modèles). Toute chanson se doit d'avoir son clip. Les réalisateurs Jean-Baptiste Mondino et Laurent Boutonnat passent pour les maîtres du genre. Bon nombre de chaînes les diffusent en boucle. Des artistes comme les Rita Mitsouko, Mylène Farmer, Étienne Daho ou Axel Bauer les soignent particulièrement, ce qui contribue à leur succès. Avec le clip, le look et la gestuelle des artistes prennent encore plus d'importance,

Les chansons de Mylène Farmer (*Maman a tort*, *Libertine*) sont de véritables petits scénarios jouant sur un érotisme léger des images et de la voix, sur fond de musique synthétique vaguement pop.

En 1981, le 45-tours de la chanson *Chacun fait (c'qui lui plaît)* de Chagrin d'amour (Vally et Gregory Ken, ci-contre) se vend à trois millions d'exemplaires, ce qui pour le Snep (Syndicat national de l'édition phonographique), correspond à un disque de diamant (plus de 750 000 ventes). Les autres « certifications » sont le disque d'or (250 000 singles vendus) et le disque de platine (100 000 achats).

le texte des chansons, le message qu'ils souhaitent faire passer sont relégués au second plan.

Les radios « libres » associatives, enfin autorisées, sont autant de plates-formes pour la musique ; mais après une période de créativité intense, l'introduction de la publicité les transforme pour la plupart en radios commerciales. Sur la bande FM, NRJ ou Skyrock diffusent de la chanson facile, rythmée et dansante pour un public de plus en plus jeune. Mais on y découvre aussi le premier rap en français, *Chacun fait (c'qui lui plaît)* du duo Chagrin d'amour, ainsi que la chanson *Il est libre, Max* d'Hervé Cristiani. À la radio comme à la télévision, on ne s'adresse désormais plus à l'ensemble du public mais à des générations ou à des publics spécialisés : les jeunes (TV6, puis M6), les seniors (Radio Montmartre, Nostalgie, les émissions de Pascal Sevran) ou les amateurs de rock (« Chorus », « Les enfants du rock »).

Le Top 50, classement produit de 1984 à 1993 par Canal + et Europe 1, à partir des ventes hebdomadaires de singles (on parlera de la « dictature » du Top 50) a le défaut de focaliser sur cinquante titres, donnant ainsi une image fausse de la production et négligeant les albums (même s'il y aura un Top 30).

Les Rita Mitsouko, Catherine Ringer et Fred Chinchin (au centre), duo inventif et subversif, chantent des titres forts : *Marcia Baila, Les Histoires d'a.*

Hervé Cristiani, ancien élève du Petit conservatoire de Mireille, livre, d'une voix aérienne, dans *Il est libre, Max,* sa philosophie de la vie : « Il ne se laisse pas étourdir par les néons des manèges / Il est libre, Max ! »

Un ministère de la chanson

Au ministère de la Culture, on prend en compte la chanson au même titre que les autres arts (cinéma, littérature). Depuis 1973, des études montrent un développement sans précédent de la pratique musicale chez les jeunes (concerts, écoute à domicile, pratique instrumentale). La musique, et particulièrement un certain type de chanson, est devenue une sorte de palliatif à la révolte et une manière d'être dans la marginalité que les jeunes adoptent en masse.

Des moyens financiers sont dégagés : création du Cir (Centre d'information du rock et des variétés) qui deviendra ensuite l'Irma (Centre d'information et de ressources pour les musiques actuelles), d'une inspection « musiques actuelles », d'un programme d'aide aux petites salles de spectacle et aux cafés-musique. En 1985, l'État s'occupe de protéger tous les artistes de la chanson en instituant une loi des droits « voisins » : les instrumentistes, les choristes qui accompagnent un chanteur sont maintenant rétribués sur les ventes.

Des salles modulables, les « Zénith », sont construites à Paris et en province, car on manque de salles de capacité moyenne. Les festivals de chanson fleurissent (Francofolies de La Rochelle, les Vieilles Charrues en Bretagne, le festival de Barjac, les Eurockéennes de Belfort, les Chorus des Hauts-de-Seine). La Fête de la musique voit le jour en 1982 : chaque 21 juin, les chanteurs amateurs sont invités à se produire dans la rue.

Higelin salue le public massé devant l'Assemblée nationale lors d'un concert auquel assistent des dizaines de milliers de personnes à l'occasion de la Fête de la musique du 21 juin 1999. La création de cette fête, qui ne représente pas une charge budgétaire énorme pour le ministère de la Culture (hormis les frais d'impression des affiches et des programmes) a été un coup de génie. Dès sa première édition, elle connaît un grand succès qui s'est largement confirmé.

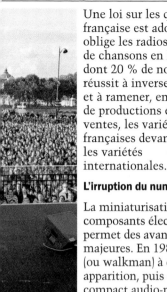

Une loi sur les quotas de chanson française est adoptée en 1994 qui oblige les radios à diffuser 40 % de chansons en langue française, dont 20 % de nouveaux talents. Elle réussit à inverser la tendance et à ramener, en termes de productions et de ventes, les variétés françaises devant les variétés internationales.

L'irruption du numérique

La miniaturisation des composants électroniques permet des avancées technologiques majeures. En 1980, le baladeur (ou walkman) à cassettes fait son apparition, puis en 1983, le disque compact audio-numérique. Au tout début, ce nouveau support est utilisé essentiellement pour la musique classique. Mais très vite, tous les répertoires – et donc la chanson – sont l'objet de l'« effet patrimoine » : les maisons de disques rééditent leur fonds de catalogue et les particuliers reconstituent leurs discothèques en numérique. Bientôt, sur un baladeur, on peut écouter des disques compacts, puis des minidiscs. Depuis 1998, le format MP3 permet de télécharger des chansons sur l'Internet et de les conserver en mémoire. Conséquence : les ventes de disques chutent dans le monde entier et les artistes ne perçoivent aucune rétribution sur les téléchargements illégaux. Il y a là sûrement un danger pour la création.

Invention majeure du XXᵉ siècle, le baladeur ! La petite histoire raconte qu'Akio Morita, patron d'un grand groupe japonais et amateur de golf, est à l'origine de sa mise au point. Il souhaitait jouer sur les greens tout en écoutant de la musique. On peut maintenant télécharger et garder en mémoire dix mille chansons différentes sur un baladeur de la génération MP3.

L'accession de la gauche au pouvoir en 1981 a certainement contribué à démoder les chanteurs engagés. L'époque est au militantisme humanitaire, sur le modèle de l'association Médecins sans frontières qui, depuis 1971, apporte une aide médicale au tiers monde. C'est au profit de cet organisme que Renaud et Valérie Lagrange prennent en 1985 l'initiative de l'opération Chanteurs sans frontières (ils sont trente-six) contre la faim en Éthiopie. Un disque est enregistré et un concert a lieu le 13 octobre à La Courneuve (ci-contre). Le 15 juin, le grand concert de l'association SOS Racisme a réuni trois cent mille spectateurs sur la place de la Concorde. Et la même année, la solidarité s'exerce aussi à l'égard des « nouveaux pauvres » : l'humoriste Coluche crée les Restos du Cœur, dont Jean-Jacques Goldman écrit l'hymne : « Aujourd'hui, on n'a plus le droit ni d'avoir faim ni d'avoir froid / Dépassé le chacun pour soi / Quand je pense à toi, je pense à moi ».

« Le jour se lève sur ma banlieue »

La réalité ethnique des banlieues se résume dans
le raccourci « black blanc beur » qui désigne les
différentes origines des jeunes : antillais, africains,
« métropolitains », arabes…

Des chanteurs d'origine maghrébine se
produisent : Karim Kacel (*Banlieue*), Rachid Taha

et Carte de Séjour (qui font
une reprise de *Douce France*
de Charles Trenet), ainsi
que des adeptes de raï (forme
populaire originaire de
la région d'Oran en Algérie,
dont les paroles célèbrent
l'amour, l'alcool et la liberté
et dont les musiques sont
peu à peu jouées sur des
instruments occidentaux), comme Khaled (*Aïcha*)
et Faudel (*Tellement je t'aime*). La communauté
antillaise plébiscite la Compagnie créole
(*C'est bon pour le moral*), Kassav, la musique de
Zouk Machine ainsi qu'un duo entre Philippe Lavil
et Jocelyne Bérouard (*Kolé séré*). Les Native,
deux sœurs d'origine antillaise, influencées
par Prince et la soul américaine, publient en 1993
Si la vie demande ça.

Le reggae, musique jamaïcaine, influencée par
le gospel et la soul américaine, sur un rythme
binaire syncopé marqué par la basse électrique
et la batterie, est associé depuis la
fin des années 1970 à Bob Marley
qui en a été une sorte de prophète.
Bernard Lavilliers, en 1981, en
propose sa propre version : *Pigalle
la blanche, Stand the ghetto*.
Pierpoljak (*La music*) et Tonton
David (*Peuples du monde, Sûr et
certain*) sont adeptes d'une forme
édulcorée, mélangée à du rap :
le raggamuffin. Serge Gainsbourg
part enregistrer en Jamaïque deux albums,
dont l'un contient une *Marseillaise* en reggae

Originaires de la
région lyonnaise,
les Carte de Séjour (à
gauche) marient rock,
raï et dance music.
Ils chantent dans un
mélange de français et
d'arabe, le « rhorho ».

Faudel (ci-dessous) est
le premier chanteur de
raï à être né en France.
Il vit dans une cité
à Mantes-la-Jolie
(Yvelines). Sa grand-
mère, qui chante du
raï dans les mariages,
l'initie à cette
musique. Il débute
dans un groupe qui fait
des reprises, les Étoiles
du raï. Puis il écrit des
chansons en français
sans perdre le fil
de la tradition raï.

(*Aux armes et caetera*), qui scandalisera quelques anciens combattants.

Le rap, d'origine américaine, est une musique de danse (on dira d'abord smurf, puis hip hop) sur laquelle on scande des textes. Jeux sur les mots, improvisations, le rap s'apparente à une certaine forme de chanson à texte, inventive et littéraire. L'important c'est la « tchatche ». MC Solaar rapproche le rap et la chanson : « Je suis l'as de trèfle qui pique ton cœur, Caroline / Claude MC prend le microphone, genre love story raggamuffin / Pour te parler d'une amie qu'on appelle Caroline / Elle était ma dame, elle était ma came » (*Caroline*). Le rap n'est pas l'apanage d'une communauté particulière : MC Solaar, NTM (*Paris sous les bombes, Laisse pas traîner ton fils*), Doc Gynéco (*Classez-moi dans la variét'*), IAM (*Je danse le Mia*) sont d'origines diverses (tchadienne, portugaise, antillaise, italienne...) et viennent de toutes les banlieues (Paris, Marseille...).

Le rappeur MC Solaar (ci-dessus) est un dandy cool qui cisèle des textes pleins d'humour. Pour son album *Identités* (ci-dessous), Idir chante avec le Nigérian Geoffrey Oryema, l'Écossaise Karen Matheson, le Franco-Espagnol Manu Chao, Maxime Le Forestier, les Bretons Dan Ar Braz, Thierry Robin et Gilles Servat...

Si les banlieues sont créatrices, les provinces françaises sont aussi un réservoir de talents très riches. À Nancy, débutent CharlElie Couture (*Comme un avion sans ailes*) et son frère Tom Novembre qui composent des chansons à tempo rock lent et accent lorrain. Toulouse est un autre pôle de création, autour du studio Polygone avec Francis Cabrel, les frères Seff, Jean-Pierre Mader et des groupes très différents : Image, Gold (*Capitaine abandonné*), Fabulous Trobadors et Zebda (*Tomber la chemise*).

En raison, notamment, de son passé colonial, Paris est devenue une des capitales des musiques du monde, la world music. S'y croisent des chanteurs et des groupes de toutes origines qui échangent rythmes, mélodies et instruments. Exemples de ces métissages musicaux : le kabyle Idir reprend le *San Francisco* de Maxime Le Forestier en *Tizi Ouzou*, puis collabore avec des Bretons. Le groupe Manau chante en rap *La Tribu de Dana*, un air celtique.

CharElie Couture (ci-dessus), artiste aux multiples talents (peinture, écriture…), ne renie pas ses origines et met son accent et sa voix rugueuse au service d'une sorte de blues un peu rock (*L'Histoire du loup dans la bergerie*). Il sera l'un des premiers chanteurs à créer un site Internet inventif. D'autres suivront, conscients qu'ils peuvent ainsi toucher le public d'une façon nouvelle.

Les Zebda (ci-contre) revendiquent leur double culture « beur » et gasconne (*Le Bruit et l'odeur*). En 2001, ils s'engagent dans la politique lors des élections municipales de Toulouse et lancent la liste Motivé(e)s.

Des carrières au long cours

En 1993, Charles Trenet fête ses 80 ans à l'Opéra-Bastille alors qu'au Parc des Princes, Johnny Hallyday célèbre ses 50 ans. Preuve que, à côté des étoiles filantes qui ne se produisent sur scène que le temps d'un succès, beaucoup d'artistes s'inscrivent dans une étonnante longévité. Ils connaissent certes des baisses de régime ou des traversées du désert, mais leur capacité à rebondir leur permet de durer trente, quarante, cinquante, voire soixante ans...

C'est quelquefois dans le projet d'un passage sur scène que ces artistes puisent une nouvelle énergie. C'est aussi l'occasion de rafraîchir un répertoire. En 1981, Yves Montand se produit à l'Olympia tandis que Barbara, à l'autre bout de Paris, investit l'Hippodrome de Pantin.

Les concerts ont souvent lieu dans de nouveaux espaces gigantesques comme le Palais omnisports de Paris-Bercy (où se produisent Michel Sardou et Patricia Kaas en 1988) qui offre 17 000 places et le Stade de France, à Saint-Denis (où chante Johnny Hallyday en 1998), qui peut rassembler 80 000 spectateurs.

Des lieux plus traditionnels, tels d'anciens music-halls, sont investis : le Casino de Paris accueille Jacques Dutronc, en 1992, et Louis Chédid, en 1993.

Impérial Johnny Hallyday ! Depuis 1961 il survit à toutes les modes musicales, les contournant ou les adoptant, se lançant des défis de plus en plus audacieux pour des fans qui se recrutent sur trois générations. Il a le mérite de renouveler souvent les auteurs et compositeurs de ses chansons, de Françoise Sagan à Pascal Obispo...

La même volonté de renouvellement se traduit dans le déroulement d'une carrière discographique. Le compositeur-interprète Julien Clerc se sépare quelques années d'Étienne Roda-Gil (son parolier fétiche, avec Maurice Vallet), pour engager d'autres collaborations. Et lorsqu'ils se retrouvent en 1992 pour l'album *Utile*, ils sont l'un et l'autre au meilleur de leur forme. Et Roda-Gil offre également à Juliette Gréco huit nouvelles chansons pour son retour de 1993 à l'Olympia.

Un soir de janvier 1997, Robert Charlebois, Renaud, Alain Souchon, Laurent Voulzy, Julien Clerc, Maxime Le Forestier (de gauche à droite) se retrouvent sur la scène du vieil Olympia, quelques semaines avant qu'il ne soit démoli et légèrement déplacé. Ils fêtent les adieux à la scène d'un chanteur peu connu du grand public, David McNeil (au centre), également auteur de nombreuses chansons pour Julien Clerc (*Mélissa*), Yves Montand (*Vous souvenez-vous Louisa?*), Alain Souchon (*J'veux du cuir*), Jacques Dutronc (*Brèves rencontres*), Robert Charlebois (*Moins vieux*)... Tout en continuant à écrire des chansons, il se consacre à la littérature.

Le renouvellement des répertoires est particulièrement crucial pour les interprètes. Les rencontres de Johnny Hallyday avec Michel Berger et Jean-Jacques Goldman qui lui composent chacun un album sur mesure à l'écoute de sa sensibilité (avec *Quelque chose de Tennessee* et *Laura*) ont été bénéfiques à sa carrière. Être catalogué dans un genre particulier est évidemment dangereux lorsque la mode passe. Le rocker Eddy Mitchell a su faire évoluer son répertoire, s'orientant vers des ballades country dont les textes évoquent des phénomènes de société : la fermeture d'un cinéma de quartier (*La Dernière Séance*), le chômage des cadres (*Il ne rentre pas ce soir*). Michel Delpech délaisse, lui, la ballade fleur bleue pour de petites chroniques (*Les Divorcés*, *Le Loir-et-Cher*, *Longue maladie*). Maxime Le Forestier est au creux de la vague lorsqu'en 1988, la chanson *Ambalaba*, un air mauricien où il est accompagné de chœurs zoulous, rencontre l'adhésion d'un public désormais ouvert aux musiques du monde. Le retour d'Henri Salvador sur le devant de la scène est exemplaire. Deux jeunes chanteurs, Keren Ann et Benjamin Biolay, lui proposent de réaliser – à 80 ans – un nouveau

« Je voudrais du soleil vert / Des dentelles et des théières / Des photos de bord de mer / Dans mon jardin d'hiver » (*Jardin d'hiver*). Cette chanson, très diffusée à la radio, fit tendre l'oreille à nombre d'auditeurs en 2000. Il s'agissait d'Henri Salvador, le créateur de *Syracuse* (60 ans de carrière), servi par les talents de Keren Ann – qui a également enregistré cette chanson – et de Benjamin Biolay. En février 2001, Keren Ann accompagne Henri Salvador sur la scène du nouvel Olympia lorsqu'il est récompensé par une Victoire de la musique (ci-dessous).

disque (*Chambre avec vue*), où il renoue avec le style bossa nova de ses débuts. Toutes les grandes maisons de disques refusent le projet… que le public plébiscite.

Retour aux sources

La chanson d'auteur « littéraire » conserve un public de fidèles appréciant des interprètes comme Jean Vasca (*L'Ogre*), Allain Leprest (*La Retraite*) et Francesca Solleville qui chante Aragon, Colette Magny et… Allain Leprest. Jean Guidoni et Juliette partagent le même parolier, Pierre Philippe. Il offre au premier un répertoire dans le style du cabaret berlinois des années 1930, noirceur et décadence comprises (*Je marche dans les villes*). Il crée pour Juliette *Rimes féminines* et des chansons réalistes à la Yvette Guilbert, dont elle reprend *Quand on vous aime comme ça*.

Il faut aussi citer la Lyonnaise Michèle Bernard, Romain Didier et le très original Éric Lareine.

Les petits-enfants du rock

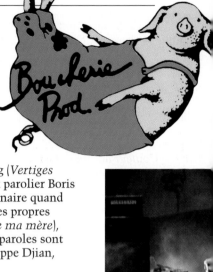

À la fin des années 1970, les groupes Téléphone, Starshooter ainsi que Jacques Higelin ont montré que l'on peut chanter du rock en français, ce que l'on a longtemps nié. Dès lors, apparaît une génération de chanteurs possédant une solide culture rock : Alain Bashung (*Vertiges de l'amour*, écrit par le talentueux parolier Boris Bergman), le Belge Arno (extraordinaire quand il reprend Brel, Adamo, Ferré ou ses propres compositions, comme *Les Yeux de ma mère*), le Suisse Stephan Eicher (dont les paroles sont souvent écrites par l'écrivain Philippe Djian, ainsi *Déjeuner en paix*).

Vers 1988, émerge un courant rock « alternatif » qui manifeste un intérêt réel pour le patrimoine de la chanson française (la chanson réaliste, notamment) et intègre d'autres influences plus exotiques (ska, reggae, salsa, raï, rap, flamenco...) :

Les Garçons Bouchers, Pigalle (*Dans la salle du bar-tabac de la rue des Martyrs*), la Mano Negra (chanteur : Manu Chao, *Pas assez de toi*), les Négresses vertes (*Famille nombreuse*)...
La maison de disques Boucherie Productions publie en 1992 l'album *Piaf-Fréhel : ma grand-mère est une rockeuse* (avec notamment Les Tétines noires, Bernadette Soubirous et ses Apparitions...).

Utilisant boîtes à rythmes et sons synthétiques, Lizzy Mercier Descloux (*Les Gazelles*), Elli et Jacno (*Main dans la main*), Étienne Daho (*Sortir ce soir*) et

Alain Bashung (ci-contre) voit son talent reconnu en 1980 grâce à *Gaby Oh Gaby* et aux chansons que sauront lui tailler sur mesure Boris Bergman, Serge Gainsbourg, Jean Fauque...

Jean-Louis Murat (*Si je devais manquer de toi*) sont influencés par la new wave anglaise et les musiques électroniques. Le groupe Indochine (*L'Aventurier*) revendique une filiation avec Depeche Mode et The Cure. Avec un accordéon, comme les Irlandais de Pogues, les musiciens de Blankass mélangent punk-rock et folk (*La Couleur des blés*). Le funk français existe

La Mano Negra, qui compte sept musiciens, est un groupe atypique chantant tantôt en français, en espagnol, en anglais, quelquefois même en arabe. Entre 1988 et 1994, la Mano Negra enregistre quatre albums mais surtout fait des centaines de concerts (son succès a débordé l'Hexagone). Le charisme du

avec Sinclair qui sait en faire résonner la pulsation (*Si c'est bon comme ça*). Désormais, grâce au public, qui écoute alternativement de la chanson et du rock, on n'est plus sommé de choisir son camp entre les deux expressions. Les rockers ne détestent plus la chanson française et les chanteurs à texte n'ont plus rien contre le rock.

chanteur Manu Chao, les messages d'énergie et d'optimisme qui se dégagent des textes et de leur jeu scénique font mouche.

À propos de certains groupes, on parle de «groupes de chanson», comme on parle de groupes de rock : les Têtes raides (qui se sont d'abord appelés les Ted Red) revendiquent des influences qui vont de Vince Taylor à Damia et Marianne Oswald, tandis que Louise Attaque (rock et violon) reprend *Vesoul* de Brel. On assiste à l'apparition de groupes de filles (Les Elles – elles sont quatre –, les Castafiore Bazooka – elles sont cinq) et

Radical Productions (n° Licence : 400129) présente :

MIOSSEC
ZEZE MAGO

Jeudi 10 Juin 99 à 19h30 / Le Bataclan / 50 bd Voltaire / 75011 PARIS / EXONÉRÉ
Billet N° 00051

TÊTES RAIDES
AU BATACLAN
DU 3 AU 28 FÉVRIER 2004

Christophe Miossec chante les désillusions d'une génération. Il commence tard, à 30 ans, après diverses expériences professionnelles. Il écrit de façon assez crue des chroniques plutôt lucides (*Regarde un peu la France*) qui captivent un public de fidèles. À l'inverse, M (Matthieu Chédid, ci-contre) revendique la part d'enfance (et aussi de féminité) qu'il a en lui. Il se cache derrière un personnage (M) et des déguisements pour ouvrir au public les portes d'un univers poétique où les riffs de guitare électrique soulignent des paroles-formules comme «la haine, je la jette» (*Je dis Aime*).

également d'une chanteuse, la Grande Sophie, inventeuse de la «kitchen miousic» (mélange de pop anglaise et de chanson française, «bricolé» à la maison).

Dans une catégorie de chanteurs que l'on appelle minimalistes, on distingue deux écoles, l'une puritaine (ton distant, voix blanches, arrangements dépouillés, sans effets de vocalises, rage froide), avec Dominique A. et Miossec ; l'autre, plus ludique (humour décalé, esprit d'enfance).

S'y illustrent Mathieu Boogaerts, Matthieu Chédid (M), ainsi que Yann Tiersen, qui joue sur des instruments-jouets.

Donner de la voix

Sortant d'un concert de Jacques Higelin (certains peuvent durer plusieurs heures, jusqu'à extinction... de voix), Patrick Bruel raconte ce à quoi il vient d'assister en chanson : « Et les chansons qui viennent / Comme des cris dans la gorge / Envie d'crier sa haine / Comme un chat qu'on égorge / Casser la voix, casser la voix / Casser la voix, casser la voix » (*Casser la voix*). Influencés par le rock anglo-saxon, des chanteurs comme Daniel Balavoine (*Mon fils, ma bataille*) ou Jean-Jacques Goldman (*Quand la musique est bonne*) ont pris l'habitude de ne pas s'économiser vocalement et de chanter trois tons au-dessus des autres de façon suraiguë. Jean-Jacques Goldman séduit un public adolescent (depuis Claude François, à part Patrick Bruel, aucun chanteur n'a fait l'objet d'une telle adulation). Avec une de ses choristes et son guitariste, il forme en 1990 le groupe Fredericks-Goldman-Jones, dans le style negro spiritual qu'il a pratiqué dans sa jeunesse (*Né en 17 à Leidenstadt*). Florent Pagny (*Savoir aimer*) et Pascal Obispo (*Lucie*) appartiennent également à cette école de chanteurs à voix.

La Grande Sophie chante : « De mon mètre 78 j'aurais pu faire de la pop music / J'aurais pu faire de la soul music / J'aurais pu faire de la funk music / J'aurais pu faire de la rock music / Mais y'a un truc que je préfère / Oui y'a un truc que je préfère / C'est la c'est la c'est la / C'est la c'est la c'est la Kitchen Miousic / Un petit air bien sympathique / Kitchen Miousic / Le quotidien en kit ».

Les chanteuses « à coffre » se souviennent peut-être du registre de Mireille Mathieu... Ainsi les deux Québécoises Céline Dion (*On ne change pas*) et Lara Fabian (*Je suis malade*) ou Patricia Kaas. Les chanteurs et chanteuses à la voix puissante sont très recherchés pour les comédies musicales, *Starmania* en 1978 (avec Maurane) ou *Les Misérables*, en 1983. Ce genre qui semblait maudit en France dans les années 1960 et 1970 connaît en effet un succès foudroyant à la fin des années 1990. Pour qu'une comédie musicale ait du succès, elle doit être identifiée à une chanson forte et emblématique, ainsi on entend Patrick Fiori et Garou célébrer *Belle* et *Le Temps des cathédrales*, dans *Notre-Dame de Paris*, tandis que Daniel Lévi crie son *Envie d'aimer* dans *Les Dix Commandements*.

Même surenchère dans les orchestrations : quand les chanteurs se produisent en public, comme dans les concerts de rock, la musique recouvre de plus en plus souvent leur timbre, les paroles sont incompréhensibles. Faut-il voir une réaction à cet état de fait dans le succès de groupes vocaux qui chantent *a cappella*, comme Pow Wow (*Le lion est mort ce soir*) ?

Vanessa Paradis et Patrick Bruel chantent en duo lors de l'émission « Les enfoirés » sur TF1 (ci-dessous). Chaque année, cette émission est le point d'orgue de la tournée organisée par des chanteurs pour soutenir les Restos du Cœur. Ces concerts à but humanitaire, comme ceux de l'association Sol en Si (Solidarité enfants Sida), connaissent un réel succès. Ils offrent l'occasion aux artistes de chanter en groupe ou en duo et de faire des reprises de chansons en dehors de leurs répertoires personnels – ce que leurs contrats avec leurs maisons de disques n'autorisent habituellement pas.

Patricia Kaas (ci-contre, au palais des Congrès le 2 novembre 1985, en compagnie de l'arrangeur Yvan Cassar, collaborateur d'Hallyday, de Nougaro et d'Aznavour). Son histoire ressemble à un conte de fées : elle est remarquée à 13 ans, dans un club allemand de Sarrebruck (elle habite Forbach, de l'autre côté de la frontière). Quelques années plus tard, l'acteur Gérard Depardieu produit son premier disque. Elle connaît le succès en France et dans d'autres pays d'Europe, dont la Russie, mais malgré un album en anglais, sa voix exceptionnelle n'a pas encore conquis les États-Unis. Elle est cependant avec Henri Salvador et Carla Bruni un des chanteurs français dont, actuellement, les disques se vendent le plus à l'étranger.

Les voix plus fluettes ont aussi leurs partisans, comme celles, lolitesques, de Zazie (*Sucré salé*, 1992) et des adolescentes Elsa (*Jour de pluie*, 1986) Vanessa Paradis (*Joe le taxi*, 1987) et Alizée (*Moi... Lolita*, 2000).

Cœur de cible : après les enfants, les ados

La chanson pour enfants est un genre ancien mais c'est dans les années 1950 et surtout 1960, qu'elle se développe. Des chanteurs s'y consacrent, délaissant leur carrière d'artiste pour adultes : Henri Dès, Anne Sylvestre (*Les Fabulettes*) et Philippe Chatel, avec la comédie musicale *Émilie Jolie*. La télévision est un relais idéal pour populariser disques et spectacles et des artistes comme Chantal Goya et Dorothée s'y spécialisent. Dorothée (*Hou la menteuse !*), un moment responsable de toutes les émissions pour la jeunesse d'une chaîne de télévision (vingt-deux heures de programmes), appartient à la société AB Productions.

C'est cette même société qui lance en 1992 le feuilleton télévisé « Hélène et les garçons » qui donne lieu à l'enregistrement de disques par les différents interprètes (Hélène Rollès, notamment, avec *Je m'appelle Hélène*). Un nouveau public est visé : les adolescents (à l'époque yéyé, les mêmes chansons étaient destinées à la fois aux adolescents et aux jeunes adultes).

Gérard Presgurvic monte sa comédie musicale *Roméo et Juliette* en 2001.

En 1996, à la suite du succès des Spice Girls en Grande-Bretagne, on assiste à une vague de girl bands (So What!) et de boy bands (G-Squad, 2 Be 3). Les groupes sont formés lors de castings, pas uniquement sur des critères vocaux : l'apparence physique est primordiale.

Visant également le public adolescent, « Star Academy » est une sorte de télé crochet sur fond de télé réalité, mélange inédit en France. Comme est inédit le fait d'enregistrer et de mettre en avant dès le départ tous les concurrents du concours sans attendre de savoir quel en sera le gagnant. Les apprentis artistes ne chantent que des reprises de chansons créées par d'autres, jamais des compositions personnelles.

« Deutschland sucht den Superstar » en Allemagne, « Pop Idol » au Royaume-Uni, « American Idol » aux États-Unis, « Operación Triunfo » en Espagne, « Star Académie » au Québec, « Fame Story » en Grèce... dans de nombreux pays, les émissions de télé réalité font découvrir de jeunes chanteurs : En France, trois émissions occupent le même créneau : « À la recherche de la nouvelle star », « Popstars » et « Star Academy ». Lors du Midem (Marché international du disque et de l'édition musicale) 2004 à Cannes, les finalistes de la troisième édition de « Star Academy » participent aux remises des NRJ Awards (ci-contre, de gauche à droite : Pierre, Élodie, Michal, Sofia, Romain, Morgane, Lukas et Patxi). Lequel fera une carrière de chanteur ? Parmi les lauréats des précédentes éditions, Nolwenn Leroy, Jean-Pascal, Emma et Jenifer semblent avoir tiré leur épingle du jeu.

Ex-fan des fifties, des sixties, des seventies, des eighties...

Le phénomène du *revival* joue sur la nostalgie du passé, des années 1930 aux dernières décennies. On ressort les vieilles idoles des années 1960 du placard et des groupes néo-yéyés font leur apparition : Les Forbans, en 1983 (*Chante*), Les Vagabonds (*Le Temps des yéyés*, pot-pourri des tubes de Claude François, de Sheila...) et Thierry Hazard qui invite à danser *Le Jerk* sur la musique pop des années 1970, qui elles aussi reviennent à la mode. On se retourne

également vers les années 1950 avec Dany Brillant et *Suzette*. Le répertoire des années 1930 et 1940 est investi par le Grand Orchestre du Splendid (qui reprend un succès de l'orchestre de Ray Ventura, *Qu'est-ce qu'on attend pour être heureux*) puis par Patrick Bruel (*Mon amant de Saint-Jean*) ou Françoise Hardy et Jacques Dutronc (*Puisque vous partez en voyage*). Florent Pagny s'attaque aux

En 1989, Thierry Hazard, ex-chanteur du groupe GPS (Sèvres, Hauts-de-Seine), chante *Le Jerk !* (pochette ci-contre) : « Sur de la musique pop / Toute la nuit comme à Woodstock / Ils dansent le jerk / Wohoh le jerk ». Sur son album, il reprend une chanson de Michel Polnareff, *Tout tout pour ma chérie*.

En 1991, Dany Brillant (ci-contre) confesse une admiration pour les années 1950, Charles Aznavour, Michel Legrand et l'ambiance des clubs de jazz : « C'est là que ma jeunesse explose / Qu'les instruments s'mettent à hurler / Dans la chaleur et la fumée / Jaillit le moment où l'on ose » (*Viens à Saint-Germain*).

Dans son spectacle de 1992, le Grand Orchestre du Splendid chante, outre ses créations personnelles (*La Salsa du démon*, *Macao*), un pot-pourri de chansons des années 1930.

années 1950 (*Jolie Môme*, de Ferré) lorsque Liane Foly revisite les années 1980 (*La vie ne m'apprend rien*, de Daniel Balavoine) qui nourrissent également le répertoire de « Star Academy » . On publie beaucoup de compilations de chansons lorsque la publicité télévisée pour le disque compact est autorisée. La discographie complète de certains chanteurs devient disponible. C'est peut-être là qu'il faut trouver en partie l'origine de cet engouement pour le répertoire du passé.

Les talents de la jeune scène

Au tournant du siècle, une nouvelle génération d'auteurs-compositeurs-interprètes pointe son nez. Ce sont les enfants naturels de Françoise Hardy, de Dutronc, de Gainsbourg, de Renaud, de Souchon… Ils ont presque tous en commun d'avoir débuté dans le circuit des bars des grandes villes, dans de petits lieux comme le Café de la danse ou le Divan du monde ou dans les festivals en province. Il n'existe en effet plus de cabarets, presque plus d'émissions de variétés à la télévision et, au music-hall, la tradition d'engager des débutants en première partie des spectacles des vedettes s'est perdue. Tous ces artistes partagent la même attention aux textes et une culture musicale très éclectique.

Thomas Fersen a joué dans un groupe de punk-rock. Il en a gardé une voix éraillée qui fait merveille sur son premier album en 1993, *Le Bal des oiseaux*. Ses chansons parlent souvent

d'animaux (*Les Papillons*, *La Chauve-souris*) dans un fantastique qui surgit du quotidien et qui n'est pas sans similitudes avec l'univers d'un Prévert ou d'un Doisneau. Les atmosphères de ses mélodies légèrement surannées sont jazzy, un peu tsiganes. Il est accompagné d'instruments acoustiques : violoncelle, clavecin, accordéon.

Comme Thomas Fersen, Vincent Delerm appartient à la maison de disques Tôt ou tard, qui publie un certain nombre de chanteurs de qualité. S'accompagnant d'un piano presque désaccordé (sur ses disques, les chansons sont habillées par un ensemble à cordes), il brosse des tranches de vie

Vincent Delerm (ci-dessus, à la Cigale en juin 2002) naît à Rouen dans une famille de professeurs de lettres. Le père, Philippe Delerm, est aussi écrivain (auteur de *La Première Gorgée de bière*) et la mère est illustratrice et auteur de romans policiers pour enfants. Il apprend le piano en autodidacte. Cet admirateur de Barbara, Gilbert Laffaille et Françoise Hardy a su trouver un style personnel, un phrasé et en concert un jeu de scène distancié.

Thomas Fersen (à gauche, pochette de l'album *Pièce montée des grands jours*) débute comme pianiste de bar. Amoureux de la langue française, il se délecte à la mettre en musique.

d'un ton tendre et ironique. Dans *Châtenay-Malabry*, il raconte la tristesse de parents seuls dans une grande maison et que leurs enfants délaissent. Il glisse de l'anecdotique, avec luxe de détails (noms propres, noms de marques), à la gravité qui sied à un thème universel.

Keren Ann, néerlando-israélo-russe, a grandi en France, mais parle et chante en quatre langues. Benjamin Biolay collabore à son premier disque, *La Biographie de Luka Philipsen*, plein d'une fraîcheur folk. Comme Serge Gainsbourg dont il se recommande, Benjamin Biolay multiplie les

Fils d'un clarinettiste, musicien multiple, Benjamin Biolay (ci-dessus, à l'Olympia le 28 novembre 2003) apprend le violon au conservatoire, puis le tuba et le trombone. Vers 20 ans, il délaisse le conservatoire pour les studios d'enregistrement. Il compose avec Keren Ann *Jardin d'hiver* pour Henri Salvador. En 2002, il reçoit la Victoire de la musique du meilleur album découverte pour *Rose Kennedy*.

Dick Annegarn, Néerlandais francophile, eut dans les années 1970 avec *Bruxelles* et *Sacré Géranium* un grand succès, avant de claquer la porte de sa maison de disques. Objet d'un véritable culte de la part des artistes de la jeune scène, il entreprend en 1997 une tournée en compagnie de Mathieu Boogaerts. Ils enregistrent en duo la chanson *Rhapsode*.

collaborations : il travaille avec Henri Salvador, Juliette Gréco, Julien Clerc. Son album *Rose Kennedy* est un album-concept qui raconte la vie de la famille du président assassiné. Du côté de la chanson narrative, Bénabar (*Bon Anniversaire*) fait figure de surdoué. Une écriture exigeante et un sens du théâtre acquis sur les planches font de ses chansons de véritables scènes qui semblent avoir été croquées dans la vie réelle, comme sait le faire un Renaud.

Dans un style rock et écorché vif, s'expriment Damien Saez (*Jours étranges*) et Raphaël Haroche (*La Réalité*). Quand le premier livre des textes intenses (*Jeune et con*), Raphaël collabore avec Gérard Manset pour son second album où le grain de sa voix accroche et où l'ex-chanteur de Téléphone Jean-Louis Aubert le rejoint pour un duo (*Sur la route*).

Stéphane Sanseverino, ex-membre du groupe de rock alternatif Les Voleurs de poules, chante des textes humoristiques sur fond de guitare swing à la Django Reinhardt (*Les Embouteillages*).

Tété (*Le Meilleur des mondes*) et Corneille (*Seul au monde*) sont d'origine africaine : le premier est sénégalais, le second rwandais. Ils font de la chanson française de la meilleure facture, soul et mélancolique.

Ex-mannequin, Carla Bruni a sans doute beaucoup écouté Jeanne Moreau, Barbara et Françoise Hardy.

Ancien guitariste d'Higelin et surtout du groupe Téléphone, Louis Bertignac (ci-dessous, avec Carla Bruni aux 18e Victoires de la musique le 15 février 2003) a pris en charge la réalisation de l'album de Carla Bruni pour le label Naïve. Là où d'autres auraient choisi d'introduire des instruments électriques, il opte pour un accompagnement à deux guitares acoustiques.

Cette sobriété et la voix de Carla Bruni sont à l'origine du succès du disque.

Mais sa culture musicale est aussi italienne et anglo-saxonne. Son premier album *Quelqu'un m'a dit* produit un véritable choc sur le public. Sa voix légèrement voilée, des arrangements entièrement acoustiques servent des textes intimistes.

Ancien musicien d'Alain Souchon et de Mathieu Boogaerts, Albin de la Simone (*Mon week-end chez tes parents*) fait penser à Louis Chédid et à Pierre Barouh mais reprend une chanson de Pierre Vassiliu (*Amour Amitié*). Il participe à l'enregistrement du disque de Thierry Stremler, qu'on compare, lui, à Dutronc et Polnareff.

Émilie Simon a toujours baigné dans le milieu musical, en fréquentant le conservatoire, passant par l'Ircam de Pierre Boulez, tout en écoutant de la house et de la pop. C'est cette diversité d'influences qui ressort à l'écoute de son premier disque, où elle introduit des sons électroniques. Par sa démarche et la sonorité de son album, elle rappelle la chanteuse islandaise Björk.

Il a, pour sa part, une vision bien personnelle de la fracture sociale qui touche la société française : « Les bourgeois n'aiment pas les artistes / Pourtant, sans eux, ils seraient bien malheureux / Plus personne pour les faire pleurer, les faire rire, les décoincer / Les artistes n'aiment pas les bourgeois / Pourtant sans eux, ils seraient tous aux abois / Plus personne pour les nourrir, les habiller, les admirer / Du coup, / Les bourgeois aiment les artistes / Les artistes aiment les bourgeois » (*Fracture sociale*).

Comme Aristide Bruant qui rabrouait les clients de son cabaret au début du siècle, ce chanteur se plaît à chatouiller les susceptibilités du public.

Un siècle en chansons

Charles Trenet (ici lors d'un enregistrement à la Maison de la radio à Paris en 1999) a entamé sa carrière en 1933. Sa chanson *La Mer* connaît plus de quatre mille versions à travers le monde. Il fait de nombreux « faux » adieux (palais des Congrès en 1989, Opéra-Bastille en 1993). En 1999, deux ans avant sa mort, il fait salle Pleyel un dernier récital qui laisse un souvenir fort au public de toutes les générations venu l'applaudir.
À droite, Bénabar et ses musiciens saluent le public, novembre 2003.

Est-ce à dire que la chanson française en est toujours à ce rapport d'amour / haine entre saltimbanques assez critiques sur la société et représentants de cette société tendant une oreille complaisante à ces charges ?

Une autre constante : à toutes les époques, de Fragson au rock en passant par le jazz, la chanson française a multiplié les emprunts à la culture anglo-saxonne. Elle s'est aussi nourrie de toutes sortes d'apports exotiques (tango argentin, rythmes des Caraïbes, rap afro-américain, raï algérien) et a accueilli à bras ouverts des artistes d'origines diverses et aux accents variés. Elle a assimilé ces apports sans perdre sa force et son identité.

Au début du XXᵉ siècle, on chantait dans les rues, au cabaret, au music-hall. Aujourd'hui, les festivals déplacent les foules, le public investit des espaces

de plus en plus grands et si l'on chante moins dans la rue, les bars et les restaurants à karaoké ne désemplissent pas. Car le spectacle vivant a subi la concurrence des technologies successives : phonographe, électrophone, baladeur, lecteur de disques compacts, ordinateur. Néanmoins, la forme et l'apparence des chansons n'ont guère changé. Elles conservent l'alternance d'un refrain avec plusieurs couplets et durent toujours trois ou quatre minutes.

La chanson est devenue une industrie mais l'industrie n'a pas tué l'artisanat. Et l'on n'a pas encore trouvé la recette pour fabriquer un tube ni les raisons pour lesquelles certaines chansons deviennent immortelles : « La foule les chante un peu distraite / En ignorant le nom de l'auteur / Sans savoir pour qui battait leur cœur / Parfois on change un mot, une phrase / Et quand on est à court d'idées / On fait la la la la la la / La la la la la la » (*L'Âme des poètes*, Charles Trenet).

« Quand le spectacle est terminé / Les bravos envolés / La tête encore toute embrumée, je rentre / Et je pense à d'autres miracles / Et je rêve à d'autres spectacles » (*Quand le spectacle est terminé*, Pierre Delanoë, Maurice Vidalin, Gilbert Bécaud).

TÉMOIGNAGES ET DOCUMENTS

Mystérieuses alchimies

Pour juger de la valeur d'une chanson, Claude Duneton conseille d'en fredonner les paroles sur une musique, même inventée. Pour Barbara, une bonne chanson doit obligatoirement être identifiée à un interprète mais aussi être chantée, sifflée par tout le monde, bref être populaire.

« Les vers d'une chanson ont curieusement besoin d'être plats »

[...] Un texte destiné à être chanté n'est pas un texte de littérature ordinaire. Ce qui est distinctif, absolument fondamental, c'est que *le son de la voix en éclaire le sens*.

Ce point mérite un développement.

La première règle que je crois pouvoir édicter en ce domaine est que l'on ne doit jamais lire « à plat » les paroles d'une chanson. Qui que l'on soit, mélomane avisé ou sourd fieffé, doté d'une jolie voix ou d'un organe éraillé, *on doit toujours chantonner les paroles d'une chanson en les lisant* – cela peut se faire sur l'air véritable s'il existe, et si on le connaît, ou bien sur un air que l'on invente à mesure qu'on lit. Je parle ici de l'approche réelle d'une chanson existante, bien entendu, de sa saisie en tant que chanson, et non du cas très particulier d'un compositeur qui lit un texte afin de vérifier si ce texte lui donne envie d'en faire précisément une chanson... C'est là une situation unique où ce lecteur présuppose que, justement, ce qu'il est en train de lire *n'est pas*, ou pas encore, une chanson ! Donc, au fond, que le texte qu'il parcourt n'est pas investi pour l'instant du sens qu'il se propose de lui donner par sa musique.

En effet, les textes des chansons – et je crois pouvoir dire des « bonnes chansons » – se distinguent des poèmes littéraires en ce qu'ils sont généralement « maigres ». Je veux dire par là qu'ils ne possèdent pas au même degré l'enveloppe sonore subtile qui caractérise les vers « poétiques » – et il est mieux qu'il en soit ainsi. Les vers des chansons ont curieusement besoin d'être plats, car ils doivent laisser la place à leur parure, à leur écharpe mélodique, à la musique qui les anime, au rythme qui les grossit, leur octroie leur pleine charge poétique. Prenons quelques exemples : il existe, me dira-t-on, de très beaux poèmes qui de tout temps furent mis en musique par Pierre ou Paul – Georges Brassens ou Léo Ferré pour ce qui concerne notre époque, sans parler des compositeurs du XVIe siècle où fleurissait la poésie « lyrique » proprement dite. Or ces textes font-ils réellement les plus belles chansons ?... Rien n'est mois sûr. Les grandes chansons de Brassens furent écrites par lui-même, à la main, sur le fil du rasoir avec sa manière si particulièrement répétitive qui lui faisait recopier le texte tout entier sur un cahier dès qu'il en modifiait un vers, ou changeait un mot. Ce faisant, cet auteur admiré n'a pas produit de vers à emporter seuls, dépourvus de leur habillage mélodieux et rythmique, l'enthousiasme des foules.

Brave Margot ou *Les Sabots d'Hélène* «fonctionnent» superbement dans leur bain musical – avec la voix du chantre ou sans elle, comme l'a démontré Maxime Le Forestier faisant un triomphe avec un récital Brassens. Mais lus à froid, ce sont des textes maigres… Par ailleurs, si l'on songe au délicieux *Que sont mes amis devenus* chanté par Léo Ferré, que l'on cite toujours comme l'exemple parfait d'adaptation littéraire à la chanson, il faut savoir que le texte original de Rutebeuf a été considérablement remanié, élagué par Ferré, et au bout du compte simplifié, avant de produire cette admirable composition aux effluves authentiquement médiévaux. Et puis le charme de l'archaïsme agit profondément sur ces chansons-là, comme *Les Neiges d'antan* de Villon mis en sons par Brassens; il les rattache à la catégorie spéciale des chansons folkloriques qui sont «le reflet de l'histoire des peuples» et l'émanation de fantasmes immuables.

Prenons plutôt des succès immenses mais purement contemporains, de ceux que l'on pourrait dire «fondateurs» du XXe siècle français, comme *La Mer* de Charles Trenet, ou plus récemment *Le Plat Pays* de Jacques Brel – des chansons peu suspectes que chacun s'accorde à trouver infiniment belles. Un regard un peu curieux sur le texte nous oblige à considérer qu'il existe une sorte d'illusion acoustique dans l'appréciation que nous faisons de leurs paroles seules. Cette illusion tient au fait que, quoi qu'il fasse, un lecteur d'aujourd'hui ne peut *jamais* faire entièrement abstraction de l'air qui lancine sa mémoire.

La mer qu'on voit danser le long des golfes clairs a des reflets d'argent, des reflets changeants sous la pluie…

Il s'agit là d'une phrase très ordinaire, que l'auteur dit avoir écrite spontanément dans un train qui longeait la côte. Elle est faite de métaphores banales et usées : *danser* pour le mouvement des vagues, l'*argent* pour l'écume… Ce pourrait être, au mieux, la notation hâtive d'un peintre impressionniste sur son carnet de croquis, au retour d'une excursion à la plage. Or, le charme fou qui enveloppe un lecteur français d'aujourd'hui tient surtout à ce qu'en la lisant, il ne peut gommer tout à fait un zeste de notes éparses, un balancement marin qui vient de la mélodie tenace fondue dans ces paroles, et qui serine notre inconscient alors même que nous nous bouchons les oreilles. Les mots *la mer qu'on voit danser* sont collés aux sons inoubliables; ils sont indissociables de l'air justement parce qu'ils ne sont pas eux-mêmes chargés d'une poésie propre : la fusion s'est faite d'autant mieux. On notera du reste à cet égard que les *Chansons folles* de Trenet, qui sont sans doute les plus abouties littérairement, sont de loin les moins connues parmi son abondante production. C'est-à-dire que leur richesse littéraire intrinsèque a freiné et sans doute amorti leur impact de chansons…

Quant au *Plat Pays* de Jacques Brel, il reste pour l'instant accroché à des images musicales fortes, des images imprégnées de l'étrange plainte de l'homme, du chanteur modelant par-delà la tombe une litanie d'appartenance à la plaine des Flandres. On pourrait dire que sa plainte reste attachée à tout pays originel, plat ou pentu, peut-être même fantasmatique. Mais il n'est pas sûr que, le bruit de sa voix une fois éteint, la seule lecture «poétique» du texte fasse encore palpiter le quidam de l'avenir. Il faut savoir que la rémanence des airs qui languit dans les mémoires trompe la plupart du temps les contemporains sur la nature réelle des textes des chansons fameuses ; la plus célèbre des mésaventures de cet ordre est arrivée aux « poèmes » de Béranger qui, sortis par le temps du souffle musical qui les nourrissait, paraissent en effet d'une maigreur surprenante, ce qui perturbe l e lecteur non averti. « Tiens ? Ce n'est que cela, Béranger ? », se dit-il, dépité. Or, imaginons que dans deux cents ans, toute discographie détruite, des amateurs de littérature ancienne tombent sur ce morceau de « poésie » :

Quand Margot dégrafait son corsage
Pour donner la gou-goutte à son chat,
Tous les gars, tous les gars du village
Étaient là, là-là-là, étaient là!

À côté de Musset, de Verlaine ou de Louis Aragon, sans parler de centaines d'autres poètes, l'auteur du quatrain ferait bien pâle figure. « Mais comment diable » – diront nos neveux naïfs – comment se fait-il que des imbéciles de 1950 aient pu s'enticher d'une aussi piètre littérature ? C'est pourtant la remarque qui nous vient étourdiment à l'esprit lorsque nous *lisons* un texte de chanson ancienne, sans nous poser un instant la question de sa musique.

Je le répète en conséquence à l'usage du lecteur qui serait conduit, en feuilletant les pages de ce livre, à lire des yeux : il est nécessaire, pour comprendre ces textes en vers qui ont l'apparence de poèmes autonomes, d'inventer un air sur l'instant si l'on ne prend pas la peine, ou si l'on n'est pas en état de déchiffrer l'air indiqué le plus souvent en fin de volume. On doit créer à son propre usage une musiquette de remplacement, approximative bien sûr, un air éphémère composé à mi-voix en lisant, très librement, à la mesure des vers. Nous devons imaginer une mélodie qui, à notre sentiment spontané, pourrait

s'accorder au ton du texte, à son époque. Cela sous peine de ne pas saisir jusqu'au sens littéral du morceau.

Claude Duneton, avec la collaboration d'Emmanuelle Bigot, *Histoire de la Chanson française*, t. 1. *Des origines à 1780*, Seuil, 1998

« Découvrir passionnément la chanson »

Un jour, je suis allée écouter Édith Piaf. Elle chantait sur les boulevards, au Théâtre de l'ABC. Je me souviens d'être restée collée à mon siège. Sa voix m'avait fait pleurer et les yeux et le cœur.

Je me suis mise alors à découvrir passionnément la chanson : Marie Dubas, Fréhel, Marianne Oswald, Esther Lekain, Charles Trenet, Mayol, la Miss Zarah Lander, Mireille… C'était magnifique, Mireille, cette voix acidulée, précise et si percutante, cette manière s i jolie qu'elle avait de s'accompagner au piano…

J'écoutais tout, je dévorais les mots et la musique dans le vieux poste de « Vitruve » où tu devais glisser une pièce pour un quart d'heure d'écoute !

En ce temps-là, on chantait encore, on fredonnait dans la rue, partout. On sifflotait, c'était joyeux. Il y a longtemps que je n'ai plus entendu un « ouvrier du bâtiment » siffler. Il est vrai que les échafaudages sont de plus en plus hauts, les éventuels sifflets couverts par le bruit des villes.

Comme c'était bien, les chanteurs des rues, avec leur porte-voix ! Tout le monde alentour reprenait en chœur et les vieux porte-monnaie de cuir s'ouvraient pour acheter des partitions ornées des têtes des stars de l'époque.

Ça bougeait, ça guinchait, ça dégingandait, ça chaloupait, ça enamourait, ça déclamait férocement, ça peinturlurait l'hôpital, ça racontait l'amour d'une mère, le corps chaud d'un homme, les roses du dimanche, les hanches des filles, les hommes à rouflaquettes ou en haut-de-forme, chaussés de leurs vernis à guêtres, ça politiquait ferme, c'était la criée du quotidien, le journal de pas d'heure en plein air.

En ce temps-là, les femmes chantaient encore au lavoir, à l'atelier, à la veillée. Aujourd'hui, on «karaoque» devant sa télé, ce qui est peut-être une façon d'en revenir aux veillées d'antan, sans feu de bois, sans vraie connivence, dans le bruit.

La chanson est dans le quotidien de chacun ; c'est sa fonction, sa force. Sociale, satirique, révolutionnaire, anarchiste, gaie, nostalgique… Elle ramène chacun de nous à son histoire : *Les Feuilles mortes, Parlez-moi d'amour…*

Le mot n'existait pas encore, mais les interprètes étaient drôlement *lookés* ! Mayol, avec son toupet sur la tête. La Goulue, si bien peinte par Lautrec.

Fragson, Yvonne George, Jane Avril. Valentin le Désossé, tout en noir, tout en jambes. La Guilbert avec ses longs gants noirs. Marianne Oswald, la rousse, la «rockeuse». Et combien d'autres ! C'étaient quand même de sérieux «allumés» qui, s'ils revenaient aujourd'hui, en remontreraient à beaucoup dans le non-conformisme.

Mais, encore que son *look* ait été rudement bien trouvé, ce ne sont pas ses gants noirs qui ont fait une Yvette Guilbert, c'est son phrasé incisif, cette terrible intelligence de la voix.

Chaque chanteuse a son phrasé. Un *look*, c'est bien, mais ce n'est qu'une image qu'on peut reprendre. En revanche, on ne peut pas calquer la respiration, l'accent, l'empreinte vocale d'une artiste, sa vraie différence.

Barbara,
Il était un piano noir…
Mémoires interrompus,
Le Livre de Poche © Fayard, 1998

Le théâtre de l'ABC, «le» music-hall de Paris de 1934 à 1964.

« Adieu la vie, adieu l'amour »

Mai 1917, l'incurie de l'état-major conduit les soldats à se mutiner. Crosse de leur fusil en l'air, certains refusent de monter au front ; quarante-neuf exécutions s'ensuivront. Écrite par un anonyme sur l'air de Bonsoir, m'amour *d'Adémar Sablon, recueillie par Paul Vaillant-Couturier, lui-même militant pacifiste,* la Chanson de Craonne *(ou* Chanson de Lorette*) est le symbole du désespoir des poilus.*

La chanson est restée la dernière expression de ces âmes presque mortes. Ce sont surtout des chansons du temps de paix, le temps où on vivait ; des chansons drôles et polissonnes, et le sourire de ceux qui les écoutent a cette acuité sourde de qui se dit : « Suis-je de ceux qui retrouveront ça »... Les soldats ont aussi un goût redoutable pour les chansons sentimentales, et ils applaudissent très fort les braves copains qui chantent longtemps, d'une voix dure, des choses très convaincues. Enfin, on chante aussi parfois des chansons du front ; mais ce ne sont jamais des chansons patriotiques. Elles sont sans héroïsme, on y parle de femmes, à la façon grave dont on y pense, lorsque, engourdi par le froid, assommé par les éclatements, on lutte contre le vacillement de la torpeur, et que, comme un cinéma vertigineux, les souvenirs les plus doux repassent, incohérents.

Elles ont toutes un ton plaintif, une allure de complainte, traversée parfois d'un éclat de révolte sociale ou d'un cri d'indignation contre l'ennemi. Elles sont contradictoires, lyriques naïves, pénibles. [...]

Au refrain, nous chantions tous, comme pour une litanie, en voix de tête et très faiblement :

Quand au bout d'huit jours,
Le repos terminé
Nous allons reprend' les tranchées,
Notre vie est utile
Car sans nous on prend la pile.
Oui, mais maintenant
On est fatigué,
Les hommes ne peuv' plus marcher,
Et le cœur bien gros
Avec des sanglots
On dit adieu aux civlots. [...]
Huit jours de tranchées
Huit jours de souffrance :
Pourtant on a l'espérance.
C'est enfin la relève
Que nous attendons sans trêve
Quand avec la nuit, dans le profond silence,
On voit quelqu'un qui s'avance
C'est un officier de chasseurs à pied
Qui vient pour nous remplacer...
Doucement, dans l'ombre,
Sous la pluie qui tombe,
Nos petits chasseurs viennent chercher leur tombe...

Et nous reprenions tous, émus à pleurer de tous ces souvenirs de neige et de pluie et de grand vent cruel, et de mort lente, de veillées énervantes où on lutte contre un sommeil funeste, où on désespère tranquillement de jamais revenir, avec un arrière-goût frénétique pour la vie joyeuse la plus folle.

Adieu la vie, adieu l'amour,
Adieu toutes les femmes,
C'est pas fini, c'est pour toujours
De cette guerre infâme…
C'est à Lorette, sur le plateau,
Qu'on doit laisser not'peau
Car nous sommes tous condamnés ;
C'est nous les sacrifiés…

Le dernier couplet exprimait un sentiment nouveau. C'est le poilu qui vient d'échapper encore une fois à la mort et qui reprend un certain espoir latent, une volonté de justice et de vengeance nécessaire, sa seule force pour résister à d'obsédantes tentations de suicide.

C'est malheureux d'voir
Sur les grands boulevards
Tant d'cossus qui font la foire…
Si pour eux la vie est rose
Pour nous c'est pas la même chose.
Au lieu d'se prom'ner,
Tous ces embusqués
F'raient mieux de venir dans la
                    tranchée.

Tous nos camarades
Sont étendus là
Pour sauver les biens de ces
                    messieurs-là…

Et cette fois le chœur est hargneux. On se figure déjà qu'on est revenu pour de bon, avec la volonté d'imposer la loi à ceux de l'arrière.

C'est à vot'tour, messieurs les gros,
De monter su' l' plateau
Si vous voulez faire la guerre
Payez-la de vot' peau.

Je ne sais si jamais ceux qui n'ont pas entendu cette chanson, chantée par mes pauvres camarades boueux, entre deux massacres, pardonneront à l'auteur illettré qui la composa, sur ce funeste plateau de Lorette où il devait lui aussi laisser sa peau, les naïvetés de forme, les défauts de rythme, et ce que la musique, qui est dans l'ensemble d'un sentiment pénétrant très juste, peut avoir de criard et de mièvre. […]

Je sais que tous ceux du front, même s'ils ne la connaissaient pas, en seront touchés […]. Ils retrouveront l'étrange sentiment d'épouvante enfantine des solitudes suspectes quand on avance dans le grand désert blanc… L'herbe grise hérisse par touffes une terre chauve. Les oiseaux nocturnes aux repas immondes, les rats insolents dont on comprend trop bien ce qu'ils mangent pour être si gras, regardent passer les hommes. Et on guette filer, dans le ciel obscurci, la trace rouge de corps rapides qui sifflent, clairs ou graves, dans un fracas qui se martèle en des repaires proches insoupçonnables. Terre enchantée, déserte et trépidante, illuminée de fusées blanches, vertes et rouges pour quelque fête cruelle. L'homme qu'on mène là est triste et passif. Il lui faut le tord-boyaux versé à pleins bords les jours d'attaque, pour en faire une brute. Normalement, il est triste et passif, et c'est bien sa passivité douloureuse qu'a su, dans sa mauvaise musique et ses mauvais vers, exprimer le poète de la chanson de Lorette.

Raymond Lefèbvre
et Paul Vaillant-Couturier,
La Guerre des soldats,
préface d'Henri Barbusse,
Flammarion, 1919

Révélations

Les débuts au music-hall de Joséphine Baker et de Charles Trenet enthousiasment les chroniqueurs. Les rythmes afro-américains de la Revue nègre *séduisent une partie du public mais en affolent une autre. Quant à Charles Trenet, qui se produit en solo pour la première fois à l'ABC en 1938, la critique et le public jeune éprouvent un coup de foudre à son égard.*

La Revue nègre

C'est alors qu'entre en scène, très vite, un personnage étrange qui marche les genoux pliés, vêtu d'un caleçon en guenilles, et qui tient du kangourou boxeur, du sen-sen-gum et du coureur cycliste : Joséphine Baker.

Est-ce un homme ? Est-ce une femme ? Ses lèvres sont peintes en noir, sa peau est couleur de banane, ses cheveux, déjà courts, sont collés à sa tête comme si elle était coiffée de caviar, sa voix est suraiguë, elle est agitée d'un perpétuel tremblement, son corps se tortille comme celui d'un serpent ou plus exactement, il semble être un saxophone en mouvement et les sons de l'orchestre ont l'air de sortir d'elle-même ; elle est grimaçante et contusionnée, elle louche, elle gonfle ses joues, se désarticule, fait le grand écart et finalement part à quatre pattes, avec les jambes raides et le derrière plus haut que la tête, comme une girafe en bas âge.

Est-elle horrible, est-elle ravissante, est-elle nègre, est-elle blanche, a-t-elle des cheveux ou a-t-elle le crâne peint en noir, personne ne le sait. On n'a pas le temps de savoir. Elle revient comme elle s'en va, vite comme un air de one-step, ce n'est pas une femme, ce n'est pas une danseuse, c'est quelque chose d'extravagant et de fugitif comme la musique, l'ectoplasme, si l'on peut dire, de tous les sons que l'on entend.

[...] La frénésie reprend avec Louis Douglas, qui non content d'être nègre, se peint en noir par-dessus le marché.

Il est inutile de vous dire que Louis Douglas est un personnage rythmique, puisqu'il fait des claquettes ; mais il les fait avec un tel silence et une telle souplesse qu'il semble être agité au ralenti. C'est en plus un mime étonnant et il a une danse dans un décor entièrement noir avec une petite église, un chat et une lune, avec sa figure noire et ses lèvres blanches, son air à la fois sinistre et stupide, une danse désespérée et comique, élastique et folle qui est un chef-d'œuvre de caoutchouc.

Arlequin, c'est toujours Louis Douglas qui avec une collerette rose, courtise une Colombie mauve au pied d'un gratte-ciel et au son d'une clarinette. Voilà qui est très Ballets russes, quoique très incohérent, et, n'en déplaise à Jean-Louis Vaudoyer, je verrais fort bien Louis Douglas dans le spectre de la rose... de la rose noire.

Autre décor, entièrement rose, avec des pastèques coupées en deux et semées au hasard sur le rideau. Les huit girls, en redingote blanche transparente et en chapeaux blancs. Alors, dans tout ce blanc et dans toute cette transparence, on peut admirer la qualité de la couleur des différentes peaux. Elles sont huit, pas une pareille, et sur ce fond rose, elles semblent être vertes, mauves, jaunes, marron glacé, crème à la vanille…

Et voici le final. L'orchestre est dans le fond, devant une mer bleue, un ciel jaune et deux palmiers orange. Tous les pans coupés sont en toile cirée noire dans laquelle les projecteurs ont d'étranges reflets. Tout autour de la scène, des tables ornées de bouteilles, au milieu, des gens qui dansent. Une boîte de nuit. Mais voici le numéro qui n'est autre qu'une danse barbare, dansée par les girls et par Joséphine Baker. Cette danse, d'une rare inconvenance, est le triomphe de la lubricité, le retour aux mœurs des premiers âges. Et la déclaration d'amour faite en silence et les bras au-dessus de la tête, avec un simple geste en avant, avec le ventre, et un frémissement de tout l'arrière-train, Joséphine est entièrement nue, avec un collier de plumes bleues et rouges autour des reins et un autre autour du cou. Ces plumes frétillent en mesure et leur frétillement est savamment gradué. Quelques spectateurs protestent : ah ! Ils ont beau jeu, les détracteurs de l'époque actuelle, pour proclamer l'avilissement des temps modernes ! Se plaire à une danse de sauvages ! S'extasier devant ces croupions empanachés ! Quelle horreur ! D'autres s'enthousiasment : voilà ce qu'aucun danseur et aucune danseuse n'avaient jamais osé exprimer ! C'est magnifique !… Mais voici Louis Douglas, en garçon de café frénétique, Joséphine qui tourbillonne dans son plumage, les Girls qui hurlent et le rideau tombe, sur un roulement faramineux de la batterie et un coup de cymbale définitif.

J'y étais, ce soir-là, avec deux amis. Nous sortons. L'un d'eux me dit :

« Elle est assommante, cette revue ; ces nègres… Oh ! là ! là !… »

Alors l'autre :

« Comment peux-tu dire une chose pareille ! Mais c'est admirable ! Ce rythme ! Cette musique ! Ces femmes !… Je veux absolument connaître Joséphine Baker et l'emmener dîner chez Ciro's.

– Je n'y vois aucun inconvénient. »

Ils étaient tous les deux des gens « à parti pris ».

Pierre de Régnier,
«La Revue nègre»,
Candide, 5 novembre 1925

Charles Trenet à l'A.B.C.

Le programme actuel de l'A.B.C., revenant au spectacle de variétés, est prodigieusement riche, prodigieusement copieux, c'est un super programme A.B.C. […]

Et puis, une révélation, Charles Trenet, un tout jeune homme, blond et rose, vigoureux, une vivacité, une ardeur, une santé de jeune animal en liberté. Il chante des chansons dont il a composé les paroles et la musique dont plusieurs sont célèbres, comme *Y a de la joie,* qu'a créée Maurice Chevalier.

Il les chante en artiste de music-hall, pas du tout en chansonnier, il danse, il se trémousse, il fait de grands gestes, il ôte et remet sur sa tête un curieux petit chapeau de feutre. Il y a encore un peu de gaucherie dans ses gestes, et c'est ce qui le fait paraître encore plus jeune. S'il ne se laisse pas absorber par la radio et le cinéma, Charles Trenet prendra rapidement place parmi les plus grandes vedettes du music-hall.

André Warnod,
Le Figaro, 1er avril 1938

« C'est une chanson... »

Comment écrit-on une chanson ? Comment vient l'inspiration ? D'une musique, d'un poème ? Part-on du réel ? Obéit-on à une commande ? Faire de la scène modifie-t-il la façon d'écrire ? Autant de questions sur lesquelles quatre chanteurs témoignent, directement ou indirectement.

« Ce n'est pas moi qui choisis mes chansons, ce sont elles qui me choisissent »

Peu d'auteurs et compositeurs ont incarné comme Charles Trenet l'état de grâce chansonnière.

La femme de son éditeur Raoul Breton disait que Charles ne faisait pour ainsi dire jamais de ratures : « Souvent j'ai pris au téléphone, sous sa dictée, des chansons dont j'ai su qu'il venait à peine de les terminer. » Et Charles de répondre : « Très simple ! Ce n'est pas moi qui choisis mes chansons. Ce sont elles qui me choisissent. »

Les exemples foisonnent, où il n'a même pas eu à tendre l'oreille pour écouter les sirènes.

Roland Gerbeau raconte qu'une nuit de 1943 ses copains le raccompagnent jusqu'à son hôtel : « En arrivant dans sa chambre, il nous a dit : "Ah ! ce soir... je suis d'humeur à faire une chanson." Il est trois heures du matin. Il ouvre la fenêtre. La lune est là juste devant lui. Il se met à fredonner "bonsoir jolie madame, je suis venu vous dire bonsoir"... Et *Bonsoir jolie madame* est née là, devant nous. »

La même année, en tournée, ils sont dans le train ; le paysage défile entre la mer et l'étang de Thau ; Charles, à la fenêtre, chantonne : « Voyez près des étangs ces grands roseaux mouillés, voyez ces oiseaux blancs et ces maisons rouillées. » Comme ça, sans crayon, sans papier, sans rien. En arrivant à Perpignan, il a simplement dit à son pianiste, Léo Chauliac : « Viens, on va un peu travailler au théâtre. »

C'est là que *La Mer* a fini de naître.

Comme il détestait les embouteillages dans Paris, il lui arrivait de prendre le métro. Il adorait ça et prétendait que ça l'inspirait.

« Un jour, il me demande : "Tu crois que ça ferait quelque chose, ça. 'J'ai des relations mondaines, j'ai des relations' ?" Il a pris un papier et l'a transcrit comme ça, en chantant. À chaque arrêt, il me disait : "L'idéal serait d'ajouter un couplet à chaque station." »

Jean-Jacques Debout raconte : « Il m'avait invité à déjeuner à La Varenne et nous nous promenions. Chemin faisant, nous passions devant des maisons avec ces gros nains multicolores en plâtre. Charles riait comme un gamin : "C'est fou ce que ces braves gens s'amusent avec des brimborions de si mauvais goût." Un peu plus loin, il me dit : "Je vais faire une chanson qui s'appellera *Le Jardin extraordinaire*." Arrivé chez lui il s'est mis au piano, a écrit la chanson. Le soir même il la chantait au Moulin-Rouge ! »

Marcel Amont,
Une chanson, qu'y a-t-il
à l'intérieur d'une chanson?
Seuil, 1994

Léo Ferré et la mise en chanson des poèmes

À qui viendrait à l'idée de dire de Léo Ferré que c'est un chansonnier ? C'est un poète, un poète qui écrit directement ses poèmes suivant les lois d'un genre poétique, la chanson. Là est la raison de ce don singulier qu'il a de récrire à la chanson les poèmes des autres, de pratiquer un art très singulier qu'il faut bien appeler la mise en chanson des poèmes. Il ne l'a point inventé, mais il l'a

poussé parfois à un degré de perfection dont témoigne la vie rendue à un poème de Rutebeuf, mise en chanson exemplaire qui est comme une magistrale restauration de tableau et promet, si cet exemple-là est suivi, la restitution à l'humanité de demain de milliers de trésors enfouis sous les bitumes de l'ancien langage.

Il arrive à Léo Ferré de dire que nous avons fait ensemble une chanson : cela n'est pas tout à fait exact, j'ai innocemment écrit un poème et, lui, il en a fait une chanson, ce dont je serais bien incapable. À chaque fois que j'ai été mis en musique par quelqu'un, je m'en suis émerveillé, cela m'a appris beaucoup sur moi-même, sur ma poésie. J'ai l'habitude de dire que la mise en chanson d'un poème est à mes yeux une forme supérieure de la critique poétique. Une critique avec laquelle je puis être ou non d'accord. Mais qui n'a rien à voir avec ce faible commentaire de ce qu'on dit ou de comment on le dit qu'est la critique écrite. C'est ici une critique créatrice, elle recrée le poème, elle y choisit, elle donne à un vers une importance, une valeur qu'il n'avait pas, le répète, en fait un refrain… Et aussi elle néglige tels développements qui, à tort ou à raison, me paraissaient indispensables, elle saute des strophes, va avec audace de ce point du poème à sa conclusion. Ne me dites pas qu'elle le déforme : elle lui donne une autre vitesse, un poids différent, et voilà que cela chante. Même si ce n'est pas tout ce que j'ai dit ou voulu dire, c'en est une ombre dansante, un reflet fantastique, et j'aime ce théâtre qui est fait de moi.

[…] Il faudra récrire l'histoire littéraire un peu différemment à cause de Léo Ferré.

Aragon,
Lettres françaises, 19 janvier 1961

« Le film est une lettre, votre chanson est l'enveloppe de la lettre »

En 1978, le réalisateur de cinéma François Truffaut demande à Alain Souchon (et à Laurent Voulzy) d'écrire la chanson de son film L'Amour en fuite.

Paris, le 19 septembre 1978

Mon cher Alain,

Sans nouvelles de vous, je me console en regardant la télévision, mais onze chansons de Bécaud pour une de Souchon, voilà un plaisir dispendieux.

J'espère que je ne vous ai pas blessé avec ma réserve sur le mot : « hirondelle ». En réalité, cela vient de ma réticence à l'égard de Walt Disney qui a tant abusé de la comparaison entre hommes et animaux. À part cela, je me rends bien compte qu'en vous demandant de changer deux rimes à votre chanson, je me comporte comme la femme du monde qui reprochait à Van Gogh d'avoir peint un zouave.

En conséquence, « j'achète » votre hirondelle, sans regret et de bon cœur.

Je pars pour New York d'où je rentrerai début octobre, mais, dès que possible, je vous demande d'appeler aux Films du Carrosse Marcel Berbert, qui désire connaître le nom et les coordonnées de votre éditeur afin que Monsieur Bertrand de Labbey, qui édite habituellement la musique de mes films, prenne contact avec lui.

À bientôt, mon cher Alain ; n'attendons pas l'hiver pour dîner ensemble.

Amitiés,
François [Truffaut]

[début janvier 1979]

Mon cher Alain,

C'est dégoûtant de laisser passer des jours et des jours ainsi, mais, après tout, vous m'avez donné l'impression d'être sur la scène de l'Olympia comme chez vous et que vous n'étiez pas prêt de déménager.

À part *Toto 30 ans*, j'ai aimé toutes vos nouvelles chansons, *Le Dégoût* (impressionnant, *very strong*), *La Cornemuse* (très inspiré, rêve réalisé, vaste fresque), *Lulu* (déchirée). Quand vous êtes très sérieux, comme en chantant *Le Dégoût*, vous vous mettez à ressembler à Jean Cocteau lorsqu'il jouait dans *Le Baron fantôme* (vous êtes trop jeune pour connaître, mais je vous

assure que c'est une rencontre émouvante).

Bref, vous êtes un chanteur très bien. Je ne vous signale pas les projèques de *L'Amour en fuite*, car elles ont lieu le soir, genre 18 h 30 ou 20 h 30, mais le film est mieux reçu que je ne l'imaginais, épine du pied retirée, la vie n'est pas méchante, je vous aime bien,

Truffaut

P.-S. N'oubliez pas de remercier Voulzy de ma part, merci et bravo, dites-lui.

[début janvier 1979]

Cheralainsouchon,

Pour convaincre les éditeurs qu'il était un vrai écrivain, William Saroyan avait prévenu les gens d'*Esquire* qu'il allait leur envoyer une nouvelle par jour *(a short story, day by day)* et il a tenu parole et il a réussi à se faire éditer. Vais-je devoir vous écrire une lettre par jour pour vous convaincre, et votre complice Voulzy, que je suis très heureux, très heureux de votre chanson ? Le film est une lettre, votre chanson est l'enveloppe de la lettre ; elle l'encadre. Doinel a toujours cherché une famille, il est heureux de jouer le pique-assiette chez Souchon. Je vous taquinais hier au sujet de 30 ans : l'âge mûr, simple manque d'humour de ma part sur la question vieillissement. *Toto 30 ans* est également bien, j'aime aussi *Nouveau* et *Papa Mambo*. Comme conseillait André Gide : « Doutez de tout, mais ne doutez pas de vous-même. » Le mercredi 24 à 14 heures, c'est ce que Claude Berri appelle « l'ouverture de la mine » au Colisée et ailleurs… l'invitation suit, l'amitié demeure… et la reconnaissance,

françois

François Truffaut / Correspondance,
Lettres recueillies par Gilles Jacob
et Claude de Givray,
Hatier, Cinq continents, 1988

Thomas Fersen : « La chanson est une façon d'échapper à l'espace, au temps, à la mort »

Ma chanson *Les Papillons*, par exemple, est l'histoire d'un appelé dans une ville de garnison, désœuvré, qui devient neurasthénique par ennui et finit par voir des taches de couleurs partout ; on part d'une situation normale (à peu près autobiographique) pour aller à la limite du réel. J'aime que mes chansons soient sur le fil. J'ai une volonté d'intemporalité et d'universalité dans le choix et le traitement de mes sujets parce que, pour moi, la chanson est une façon d'échapper à l'espace, au temps et à la mort. Proust a décrit ces sensations par lesquelles une madeleine, un petit pan de mur jaune, transportent pour quelques instants dans le présent un réel à jamais révolu : ce phénomène est particulièrement sensible dans la chanson.

Malgré ce parti pris d'intemporalité, vous renouez avec les veines historiques et bien datées de la chanson française : à vous entendre, on peut penser à Trenet pour la légèreté et le merveilleux, mais aussi à des artistes comme Nino Ferrer ou Jacques Dutronc pour l'humour...

Je n'écoutais pas de chanson française étant jeune, mais elle entrait chez moi quand mon père se rasait. Ma véritable école de la chanson fut l'école communale, où j'ai appris un large répertoire de chansons paillardes. Je suis arrivé de banlieue dans le XXᵉ arrondissement au cours préparatoire. Un jour, un élève est monté sur une table et s'est mis à chanter : « Un dimanche matin... » Ce fut une révélation.

À la différence de la chanson française d'après-guerre, où les voix étaient naturelles et les univers musicaux des chanteurs relativement dépouillés, il semble qu'un chanteur actuel n'échappe pas à un travail esthétique destiné à le singulariser à tout prix. Est-ce votre cas ? Comment concevez-vous la figure du chanteur ?

On pourrait discuter là-dessus. Après-guerre, les voix étaient très typées, les arrangements riches, et les formations pas dépouillées du tout. Dans un autre genre, Brassens avec son accompagnement sobre et sa tenue sur scène propose une esthétique tout aussi travaillée.

Le chanteur, comme l'auteur, ressent vite le besoin de se définir et ça passe par le style, qui est fait de partis pris. Le style, ce n'est pas seulement un bonnet sur la tête. C'est en tant que piano-bar que j'ai compris quelle était la fonction du chanteur : il n'était pas question de se prendre pour une vedette, ni de faire de l'art. L'endroit était petit, on jouait sans amplis. Je m'accompagnais à la guitare et ma femme au piano regardait le mur. Notre premier engagement fut pour un anniversaire ; on jouait *Hey Jude* des Beatles et comme on ne savait pas trop de morceaux, on faisait durer. Sous mes yeux, un couple s'embrassait, s'embrassait... en m'ignorant complètement ! Je n'étais que l'aiguille du phono, rien de plus, et je me suis senti à ma place. À partir de ce jour-là, je me suis mis à écrire autrement. Quand les gens ont du plaisir, moi aussi, et j'ai envie que ça continue.

Propos recueillis par Michaël Fœssel, Paul Garapon et Marc-Olivier Padis, *Esprit*, juillet 1999

Quand un artiste a du talent

Le directeur artistique doit être aux aguets, avoir du flair, mais la découverte d'un chanteur n'est qu'une première étape. Il faut aussi l'imposer aux dirigeants d'une maison de disques, faire travailler l'artiste, corriger ses imperfections et l'accompagner. Puis le miracle a lieu. Tout de suite ou un peu plus tard. Des histoires de confiance et de fidélité racontées par deux « grands » du métier, Jacques Canetti et Claude Dejacques.

Félix Leclerc : « Je l'avais trouvé, mon Canadien »

C'est à Montréal que j'ai rencontré Félix Leclerc, quelques semaines avant de le faire venir, complètement inconnu, à Paris. J'étais allé au Canada, en compagnie de Maurice Chevalier, de Patachou et d'un groupe d'artistes français : Jacqueline François, Henri Leca et Rose Mania. J'avais sympathisé avec Jacques Normand, chansonnier canadien, et comme les échanges ne se faisaient que dans le sens France-Canada, je brûlais d'envie de faire venir enfin un vrai Québécois à Paris. Un soir, vers 10 heures, Normand téléphona pour moi à Vaudreuil à un certain Félix Leclerc, après lui avoir dit qu'un « maudit Français » voulait le voir. L'ours Félix répondit : « Mais pourquoi pas ? » On arrangea un rendez-vous dans un studio de CKVL pour le lendemain matin avec Pierre Dulude.

Jacques Tietolman, le propriétaire de la chaîne CKVL, déversa en anglais un flot de remarques ironiques sur Félix, précisant qu'il était un « toquard » sans intérêt pour personne et qu'il ne me

fallait pas perdre mon temps avec ce bonhomme. J'écoutai cependant Félix gratter ses premières notes sur sa guitare et attaquer *Moi, mes souliers*. […] je fus

Canetti, à l'origine de tant de carrières…

littéralement hypnotisé par le personnage, par sa voix et sa chanson. Il enchaîna avec *Le P'tit Bonheur*. Je l'avais trouvé, mon Canadien ! Inutile de poursuivre les recherches.

– Venez avec moi, lui dis-je aussitôt, nous allons choisir un studio et je vous enregistre aujourd'hui même. Il ne faut pas traîner car je repars demain pour Paris !

Nous nous sommes alors rendus avec Dulude au Studio Marco où, en trois heures, nous avons enregistré douze chansons, toutes plus belles les unes que les autres. Ensuite, je suis rentré à l'hôtel, sans perdre un instant, pour taper la lettre d'engagement de Félix : cinq ans d'exclusivité et huit faces de disque par an. Félix n'eut pas de réaction, il n'y croyait guère. Il me demanda seulement « si ce serait de vrais disques durs ».

À peine revenu à Paris, je courus à Saint-Cyr-sur-Morin voir Pierre MacOrlan et lui faire écouter mon Canadien. MacOrlan était un de mes meilleurs supporters. Dès qu'il entendit Félix Leclerc, il reconnut que ces chansons étaient « de vrais joyaux ».

Jacques Canetti,
*On cherche jeune homme
aimant la musique*
Calmann-Lévy, 1978

Barbara : « Tout d'un nouveau papillon noir qu'il suffisait d'aider à se déplier »

Je ne sais pas. Je n'ai jamais su. Je n'ai toujours pas envie de savoir quelle est l'identité de la personne qui s'exprime à travers Barbara, d'où elle vient et comment se sont articulés les moments de sa vie. Mais ce qu'elle a fait, ce qu'elle a créé, ce qu'elle a interprété et comment elle s'est servie des différentes facettes de son talent, comment s'est établi

l'équilibre entre ses mains parcourant le clavier du piano, ce souffle et cette voix, le positionnement particulier des mots, les syllabes aspirées, retenues, alors là, je n'ai rien manqué. Ce fut ma première démarche, avant même de la rencontrer, que de l'observer sur scène à Bobino puis à L'Écluse. Elle chantait alors, à sa façon déjà, Brassens, Brel aussi bien que Fragson. Des disques avaient été publiés, réalisés chez Pathé par un monsieur oublié, musicologue averti à la façon de Tavernier chez Philips : Pierre Hiégel, mieux connu comme producteur d'émissions à Radio-Luxembourg que comme le directeur artistique majeur qu'il fut de longues années.

J'ai rencontré Barbara un soir d'automne ordinaire, au cabaret L'Écluse, quai des Grands-Augustins, où elle passait chaque soir. J'intervenais dans sa carrière, juste au moment où pouvait se concrétiser ce qui fait le succès d'un artiste, celui où il peut accéder à sa vérité d'expression, celui où le public le reçoit parce qu'il s'y reconnaît, comme dans un miroir, sans savoir qu'il s'y découvre à l'envers, secrète magie du négatif mais aussi reflet de ses rêves ou de ses aspirations, de ses fantasmes autant que de ses inhibitions. Avec elle, la conjonction se situait tout autant dans sa « manière » qu'à travers des chansons aussi bien ciblées – pour singer le terminologie marketing –, que le furent et sont encore *Nantes, Pierre, Dis, quand reviendras-tu ?* Sur la scène minuscule, il y avait déjà tout ce qu'il fallait, tout d'un nouveau papillon noir qu'il suffisait d'aider à se déplier, à s'affirmer. Quand un artiste a du talent et, plus encore, du génie, il suffit au directeur artistique de savoir écouter, recevoir et choisir. Ce soir-là, je rejoignis Barbara dans le petit réduit qui faisait office de coulisses au bout d'un couloir d'immeuble :

« C'était beau, c'était bien. Merci Barbara. J'aimerais bien pouvoir réécouter vos chansons, quelques-unes, vos préférées, tout simplement au piano sur une petite bande où vous les aurez enregistrées.

– La petite bande, c'était L'Écluse ce soir, au piano, tout simplement et en public, ne croyez-vous pas ? »

En fait de rencontre réussie, je m'étais montré maladroit. Seule issue devant ma direction qui réclamait « la petite bande » : enregistrer une maquette après avoir pris le risque de faire signer d'office un contrat à Barbara chez Philips à l'arraché des services administratifs comme je le fis à plusieurs reprises à cette époque. C'est ainsi que naquit le premier album fait ensemble dans une pochette blanche vêtue de roses jetées.

Le studio d'enregistrement de la rue Saussier-Leroy où eut lieu ce premier enregistrement, ressemblait à une arrière-salle de jeux clandestine, à un garage pour cinq bagnoles : une remise en longueur dont on aurait fermé l'extrémité pour l'affubler d'une cabine de prise de son sommaire avec une grande vitre et un coup de barbouille blanche.

Elle est là, la dame brune, étonnamment réservée et disponible à la fois. Elle est arrivée la première, presque une heure avant tout le monde. Et dans la pénombre d'une seule lampe, elle joue du piano. Elle se délie les doigts selon une technique personnelle constituée d'arpèges et d'accords déployés. Depuis une semaine, j'assiste à son tour de chant. Sans savoir, sans définir, je sens comment je vais procéder pour l'amener à se dépouiller de certains effets qu'engendre le passage en cabaret, à disposer son souffle un peu différemment, à se laisser aller au plus intime, à ne plus faire un sort à chaque *r*.

Claude Nougaro : «Occupe-toi de ce gars-là»

1967. Il est 11 heures du matin, avenue des Ternes. J'attends Nougaro devant sa porte, en haut de l'escalier, avec l'épreuve de pressage de Toulouse. C'est important pour lui ; c'est vital pour moi, remis en cause l'un comme l'autre, chez Philips, dans notre orientation artistique. Je ne me suis pas couché la nuit précédente. J'ai fait le trajet jusqu'à Louviers, à l'usine de pressage, pour cueillir l'échantillon du 45-tours sans attendre le service livraison qui ne serait arrivé à Paris qu'en fin d'après-midi. À 11 heures, je pensais le trouver au lit et lui faire la surprise, un sachet de croissants dans une main et son disque dans l'autre, C'est raté. À 11 heures, il est déjà sorti ou pas encore rentré, qui sait ? Finalement, je m'endors sur le paillasson où il me retrouvera roulé contre sa porte comme un clochard, un trésor dans ma main : l'un de ses plus beaux titres…

Il y a sept ans qu'on s'est rencontré, à l'occasion d'une audition de routine commandée par Jacques Canetti, en haut d'un escalier, comme maintenant, dans mon espèce de studio-bureau :

«Dejacques, c'est vous Dejacques ?

– C'est moi.

– Je suis venu livrer quelques chansons. J'ai l'habitude, ça doit faire la quatrième fois…»

Il passe les partitions à son pianiste qui s'affaire en vain sur la barrette du pupitre qui ne retient jamais rien. Finalement, il les pose à plat. Tandis que je passe de l'autre côté de la vitre pour engager une bande sur le magnéto, Claude répète un peu. On y va. Il chante cinq titres à la file sans quitter son imperméable, les poings bourrés dans ses poches, résigné d'avance à l'avis négatif qui va tomber sur son essai. Il y a là la plupart des titres qui vont paraître sur un 33-tours 25 cm édité par Ted Moura dont *Il y avait une ville* que nous reprendrons quelques années plus tard, restructuré, éclaté à souhait. Pour lors, tout est bougon et Claude se fout pas mal de mes impressions favorables. Aussi, quand je lui propose d'écouter les prises, il décline mon offre :

«Pas la peine : je les connais, mes chansons. Ils les connaissent en bas. Ce sont les mêmes et c'est comme ça. Salut, merci. Vous n'oubliez pas de faire suivre à qui de droit ?…»

Il a déjà filé, boule noire dans l'escalier rouge de l'avenue Franklin-Roosevelt. J'écoute ; j'écoute encore et je rédige mon compte rendu d'analyse, le cœur de la ville au creux de l'estomac.

La suite viendra quelques mois plus tard, quand l'un des cadres artistiques de la société Philips, Denis Bourgeois en l'occurrence, me passera le ballon au moment de son départ pour fonder les éditions Bagatelle :

«Occupe-toi de ce gars-là. Prends le relais. Avec Gainsbourg, ce sont les deux bijoux que je lègue à la société. Avec toi, Claude, ça devrait coller.»

Le bijou que me lègue Denis Bourgeois n'est autre que l'association de Claude Nougaro et de Michel Legrand, association ô combien fructueuse puisqu'elle va nous livrer toute une série de titres où l'Occitan toulousain va croiser le brillant Parisien lauréat du conservatoire, entre un air de jazz et une reprise de java, ouvrant ainsi la porte à un style de chanson nouveau dans la forme et le ton. En effet, prolongeant le travail de Boris Vian, d'Henri Salvador, de Léo Ferré et de quelques autres, ce langage et son traitement musical annonceront Higelin, Lavilliers, Chédid et beaucoup d'autres dont Michel Legrand chanteur.

Claude Dejacques,
Piégée, la chanson?
Éditions Entente, 1994

« Mon amant de Saint-Jean » : un succès de répertoire

La fortune de cette chanson s'est révélée au plus sombre des années de l'Occupation, au cours de l'automne 1942. Redécouverte en 1980 à la faveur du succès du film de François Truffaut Le Dernier Métro, *puis portée dans les années 1990 par le* revival *du patrimoine de la chanson française, elle continue à émouvoir le public.*

À l'origine, l'auteur et éditeur de musique Léon Angelliaume, qui signe du pseudonyme de Léon Agel ses textes de chanson, dépose un titre très direct, *Les Barbeaux de Saint-Jean*. En juin 1942, sous le titre déjà plus présentable de *Mon costaud de Saint-Jean*, la chanson est enregistrée par Jane Chacun pour les disques Odéon. C'est alors une « java » chantée. Elle diffère de la version qui, par la suite, fera date, dans le texte uniquement et au dernier système couplet-refrain, qui décrit explicitement le contexte du proxénétisme. « Toujours chic il faisait distingué / Sans mégot, sans casquette / Mais son amour n'était que chiqué / Ceux de Saint-Jean n'aiment que l'argent / Comment ne pas perdre la tête / Dans les bras d'un gars du milieu / Moi qui l'aimais / Il ne m'aime plus / Et moi non plus / N'en parlons plus. » Cet épisode ne laisse donc à sa narratrice aucun regret.

Peu après, sur la scène de Bobino où elle se produit du 11 au 25 septembre 1942, la chanson est chantée par Lucienne Delyle, sous le titre plus policé encore de *Mon amant de Saint-Jean*. Le 7 juillet précédent, elle l'avait également enregistrée chez Columbia (DF 2898) mais le disque ne sort qu'en octobre.

C'est alors, sur cette interprétation, sur cette version du texte et du titre que la chanson, devenue valse, réussit auprès du public. L'édition de la partition est assurée par les Éditions Meridian, en 1943.

La musique a toute l'efficacité (répétitivité et faculté à être mémorisée aussitôt) d'un rythme ternaire et d'un dessin mélodique très simple offrant une souple variation entre couplet et refrain qu'on entend à trois reprises. Elle dégage également toute la mélancolie d'une tonalité mineure. Émile Carrara, chef d'orchestre et accordéoniste lui-même, a réussi à faire admettre l'accordéon dans les établissements chics. Il est le chef des orchestres du Moulin Rouge, de l'Eldorado, de Maxim's, etc. entre 1933 et 1939. Pendant la guerre, il se produit au Mimi Pinson, à l'Écrin, au Doge.

Lucienne Delyle en est à ses débuts. Par le biais d'un concours radiophonique elle s'est fait entendre pour la première fois sur les ondes de Radio-Cité en 1939. Jacques Canetti l'a remarquée. De premiers enregistrements sont réalisés en 1939, en 1941. Après son récital à Bobino, le 14 novembre 1942, elle participe à l'inauguration du cabaret Le Doge. Elle y est accompagnée d'Aimé Barelli, trompettiste et chef d'orchestre qui deviendra son mari. En 1943, elle interprète une chanson de Django Reinhardt, *Nuages*.

Le succès de la chanson s'attache à cette interprète, à sa voix plutôt grave, sa diction élégante et son phrasé fluide. On y distingue un parfum d'époque dans des *r* légèrement roulés.

Il tient aussi à la couleur nostalgique du récit d'un amour malheureux et à une couleur musicale « populaire » de musette (un accordéon joue en soliste dans l'accompagnement). Le texte évoque lui aussi un bal populaire (« un musette ») dans le quartier de Saint-Jean (Marseille dit-on ou plutôt Lyon ?). Les chansons d'amour connaissent un succès accru pendant la période sombre de l'Occupation en évitant les engagements trop flagrants.

Puis la réputation de *Mon amant de Saint-Jean* a bénéficié de son annexion au répertoire de l'accordéon musette dont Émile Carrara et Aimé Barelli, le compositeur et l'époux de la chanteuse, étaient des personnalités notables. Cette valse musette est ainsi passée par tous les accordéonistes et chefs d'orchestre qui animent de véritables petits bals du samedi soir. Cette scène musicale rustique ou provinciale l'a maintenue au répertoire jusqu'à nos jours. Ainsi le groupe Les Voisins du dessous qui s'appliquent à faire chanter l'homme de la rue, l'utilise dans son stock de chansons à faire reprendre facilement. Et que les éditions Didier Jeunesse l'adoptent en « chanson traditionnelle » pour enfants.

À cette survivance continue, se sont ajoutées des occasions pour que ce titre revînt sur le devant de la scène.

En 1980, François Truffaut choisit ce titre comme générique du *Dernier Métro*.

« […] Initialement, je comptais n'utiliser que des chansons de l'époque de l'Occupation […] et surtout *Mon amant de la Saint-Jean* qui fonctionne en leitmotiv à la manière de *Que reste-t-il de nos amours ?* dans *Baisers volés* » (François Truffaut à Georges Delerue, Paris, 23 avril 1980).

Et la chanson, redécouverte dans sa version originale, réussit à nouveau fort bien dans son rôle emblématique et bénéficie du très grand succès que remporte ce film. La référence à l'Occupation devient alors un « charme » en ces années qui voient se renouveler, dans l'art et la vie publique, les positions et les discours portés sur la période.

À la fin du siècle, les mouvements de « revival » du patrimoine de la chanson, s'intéressent eux aussi à *Mon amant de Saint-Jean*. Le groupe de rock Tue-Loup en donne une version très fidèle en 1998, chez Pias.

À son tour, Viktor Lazlo l'inscrit dans son album « Loin de Paname » (2002 Nonsolo blues / Éditions du palais) et la respecte comme une « chanson de famille ». Enfin, Patrick Bruel, en 2002 également, en l'intégrant dans son album « Entre deux » (BMG) fait triompher avec *Mon amant de Saint-Jean*, la reprise, phénomène de « retour des vieux succès français du rock et de la chanson ». Manu Chao, qui se veut « nomade du nouveau siècle » quand il répond à l'interview d'un journaliste du *Figaro* (13 décembre 2002), en appelle à la même chanson souvenir : « Quand on joue *Mon amant de Saint-Jean* dans une communauté indigène en Équateur, les mamas trouvent des pas pour danser la valse. »

Élizabeth Giuliani

BIBLIOGRAPHIE

Livres

– Boris, Jean-Michel, Brieu, Jean-François, Didi, Eric, *Olympia Bruno Coquatrix : 50 ans de music-hall*, Paris, éd. Hors collection, 2003.
– Brunschwig, Chantal, Calvet, Louis-Jean, Klein, Jean-Claude, *Cent Ans de chanson française, 1880-1980*, Paris, Le Seuil, 1996 (réédition de l'édition de 1981).
– Coulié, Jean-Claude, *Discographies des artistes de la chanson d'expression française*, vol. 1 A-B, vol. 2 C-D, vol. 3 E-K, vol. 4 L-N, vol. 5 O-S, vol. 6 T-Z, Chez l'auteur, 28, allée du Falcou, 31770 Colomiers, 2004 (mise à jour annuelle). Monumentale, incontournable et fiable, cette discographie n'a pas d'équivalent à l'heure actuelle. Existe aussi en CD-Rom.
Site Internet : www.friendship-first.com/artetchansons fr.htm
– Coulomb, Sylvie, Varrod, Didier, *68-88, histoires de chansons, de Maxime Le Forestier à Étienne Daho*, Paris, Balland, 1987.
– Dillaz, Serge, *La Chanson sous la Troisième République de 1870 à 1940*, avec un dictionnaire des auteurs compositeurs interprètes, Paris, Taillandier, 1991.
– Duneton, Claude, *Histoire de la chanson française des origines à 1860,* Paris, Le Seuil, 1998.
– Fléouter, Claude, *Un siècle de chansons, Paris,* PUF, 1988.
– Girod, Francis, *Manuel de la pensée yéyé,* Paris, Julliard, 1966.
– Jouffa, François, Barsamian, Jacques, *Les Années 60 en France, Vinyl fraise*, Paris, Michel Lafon, 1993.
– Klein, Jean-Claude, *La Chanson à l'affiche*, Paris, Éditions Du May, 1991.
– Latour, Geneviève, *Le «Cabaret Théâtre», 1945-1965*, Paris, Agence culturelle de Paris, 1996.
– Mathis, Ursula, « "Honte à qui peut chanter" : le neuvième art sous l'Occupation», *in* Myriam Chimènes (dir.), *La Vie musicale sous Vichy*, Paris, Complexe, 2001.
– Pessis, Jacques (dir.), *Chronique de la chanson française*, Paris, Éditions Chronique, 2003.
– Plougastel, Yann, Saka, Pierre (dir.), *La Chanson française et francophone*, Paris, Larousse, «Guide Totem», 1999.
– Rioux, Lucien, *50 Ans de chanson française, de Trenet à Bruel*, Paris, l'Archipel, 1994.
– Robine, Marc, *Il était une fois la chanson française, des origines à nos jours*, Paris, Fayard/Chorus, 2004.
– Saka, Pierre, *La Chanson française des origines à nos jours*, Paris, Fernand Nathan, 1980 ; *La Chanson française à travers ses succès*, Paris, Larousse, 1995.
– Verlant, Gilles (dir.), *L'Encyclopédie de la chanson française : des années 40 à nos jours*, Paris, éd. Hors Collection, 1997.
– Vidal, Marion, Champion, Isabelle, *Histoire des plus célèbres chansons de cinéma*, Paris, MA éditions, 1990.

Revues

– *Chorus, les cahiers de la chanson*, Brézolles (28270), Les éditions du Verbe. Dirigée par Fred Hidalgo, *Chorus* est la revue de référence de la chanson française. Site Internet : www.chorus-chanson.fr (un index thématique permet une recherche des articles parus).
– *Juke Box Magazine*, Paris, éd. Folliet Gillet Leblanc. Une institution, particulièrement pour tous les amateurs de chansons des années 1960.

Disques

La monumentale et inégalée *Anthologie de la chanson française enregistrée*, publiée sous la direction de Marc Robine, Paris, EPM, à partir de 1981. 90 disques en 7 volumes (1900-1920 ; 1920-1930 ; 1930-1940 ; 1940-1950 ; 1950-1960 ; 1960-1970 ; 1970-1980) plus des déclinaisons thématiques, compilations…

Sites Internet

Chorus, les cahiers de la chanson
Voir *supra* à «Revues».
La chanson du Québec et ses cousines
– www.chansonduquebec.com
Ce site se veut un outil de référence de la chanson francophone du Québec et d'ailleurs, avec biographies, répertoire de chansonniers, bibliographie…
Le Centre de la chanson d'expression française
– www.centredelachanson.com
Le Centre est une association loi 1901 créée afin d'apporter information, documentation et conseils aux professionnels et aux amateurs de chanson.
Le Chat noir
– www.lechatnoir.free.fr
Ce site personnel nous plonge au cœur du Paris montmartrois de la fin du XIXe siècle et début du XXe, dans l'histoire des cabarets et de la chanson.
Le Hall de la chanson
– www.lehall.com

Pour le Centre national du patrimoine de la chanson, des variétés et des musiques actuelles, responsable du site, l'objectif est de «valoriser un patrimoine méconnu, oublié, parfois injustement négligé, et d'en raconter l'histoire». Le site, qui comprend une base de données des artistes et des chansons, une «Galerie» présentant diverses approches thématiques de la chanson…, est très interactif, enrichi de nombreux extraits sonores et vidéo.

Musikafrance
– www.musikafrance.com
Portail dédié à la musique d'expression francophone. Pour la chanson, discographies d'interprètes…

Nouvelles scènes
– www.nouvellescenes.free.fr
Comme son titre l'indique, ce site est consacré à la nouvelle scène de la chanson française. Discographies, critiques de disques, annonces de concert…

Université de Napierville (Canada)
– www.udenap.org/groupe_de_pages_00/chansons_francaises.htm
Un site canadien, mais consacré à l'ensemble de la chanson francophone. Probablement l'un des sites les plus complets sur la chanson française, mêlant biographies, discographies, photos. Offre de nombreux extraits sonores, voire des chansons diffusées *in extenso*.

---

27 Microphone à charbon Philips, 1932, Musée de Radio France, Paris.

28-29 Mistinguett, *Ça c'est Paris,* paroles de Lucien Boyer et J. Charles, musique de J. Padilla, partition, éd. Salabert, 1927. BnF, MUS.

29 Maurice Chevalier dans les années 20.

30 Mistinguett dans *Paris qui jazz,* revue du Casino de Paris, 1920-1921.

31 Mistinguett et Ladd.

32 Marianne Oswald au Bœuf sur le toit, *Fantasio,* 16 juin 1934.

33h Affiche Radiola, vers 1922.

33b Maurice Chevalier, *Ça s'est passé un dimanche / Appelez ça comme vous voulez,* paroles de Jean Boyer, musique de Georges Van Parys, 78-tours, Gramophone K 8537, édition 1938 dans une pochette Voix de son Maître. BnF, DAV.

34 Lys Gauty, *Le chaland qui passe,* paroles d'André de Badet, musique de C. A. Bixio, 1934, partition. BnF, MUS.

35 Tino Rossi lors d'un enregistrement.

36 « La Revue nègre au music-hall des Champs-Elysées », Paul Colin, affiche, 1925. BnF, EST.

37 Gilles et Julien, Paris, théâtre de l'ABC, 1934.

38 Charles Trenet, 1937, photo de François Kollar.

39h Fréhel, *Comment la chanter,* vers 1940.

39b « Fréhel », affiche du film *La Belle Équipe* de Julien Duvivier, musique de Maurice Yvain, 1936.

40-41 Joséphine Baker au micro durant la fête des Caf'Conc', stade Buffalo, Paris, 1936.

41 Ray Ventura, *Tout va très bien, madame la Marquise,* paroles de Bach, Laverne, Paul Misraki, musique de Paul Misraki, partition, éd. Ray Ventura & Cie, 1935. BnF, MUS.

CHAPITRE 3

42 Édith Piaf à l'Olympia en 1961.

43 Premier programme de l'Olympia pour le concert de Gilbert Bécaud, illustré par Trambouze, 1954. Coll. Jean-Louis Rancurel.

44 Suzy Solidor en 1940.

45 Couverture de la revue *Les Ondes,* 21 septembre 1941. BnF, ASP.

46g Johnny Hess, *Ils sont zazous,* paroles d'André Hornez, musique de Ray Ventura, partition, éd. Paris-Monde, 1942.

46d Jeune « zazou » dansant, photo anonyme, 1939-1945.

47 Caricature anti-zazou d'inspiration vichyste, Coll. part.

48h *Chansons de la BBC* : recueil de partitions, publié par Maurice van Moppot, [s.d.]. BnF, MUS.

48b Anna Marly, *Le Chant de la libération : Le Chant des partisans,* musique de Maurice Druon, Joseph Kessel, partition, éd. Raoul Breton, 1944. BnF, MUS.

49 Façade de l'Alhambra, Paris, novembre, 1943.

50 Bal dans un club de Saint-Germain-des-Près, 1949.

51 Boris Vian au club Saint-Germain-des-Près, 1949.

52 « Les Frères Jacques », Jean-Denis Malclès, affiche, 1950. BnF, EST.

53h Charles Aznavour dans sa loge à l'Olympia, 1963, R. Kasparian, photo, vers 1960.

53b Léo Ferré, *Paris canaille,* 45-tours, 17 cm, Odéon 7MOE2134, 1958, Sony Music Entertainment. BnF, DAV.

54 Barbara à l'Écluse, accompagnée par Liliane Benelli au piano, 1954.

55 Juliette Gréco à l'époque de la Rose rouge, photo, Robert Doisneau, 1950.

56 Mouloudji, vedette de Saint-Germain-des-Prés, photo, Robert Doisneau.

57 Patachou dans son cabaret de Montmartre dans les années 1950.

58 Félix Leclerc, vers 1950.

59g Jacques Brel dans les coulisses de Bobino, novembre 1950.

59m Georges Brassens, photo Harcourt pour la maison de disques Polydor.

59d « Je suis l'pornographe… », manuscrit de Georges Brassens. Coll. part.

60h Guy Béart, *L'Eau vive,* 45-tours, 17 cm, Philips 432261BE, 1958, Universal Music – division Philips. BnF, DAV.

60b Serge Gainsbourg, *Du chant à la une !* 33-tours, 25 cm, Philips B76447R, 1958. Ibidem.

61 Serge Gainsbourg au théâtre de l'Étoile,

septembre 1959.

62g *Folhas mortas, Folhas de outono,* paroles de Jacques Prévert, musique de Joseph Kosma, partition, éd. Fermata do Brasil, São Paulo.

62b *Les Feuilles mortes, Vallende Bladeren,* partition, éd. Altona, Amsterdam.

62d « Yves Montand », Gaston Girbal, affiche des disques Odéon, vers 1945.

63 André Claveau, André Bourvil, Georges Guétary, Mistinguett félicitent le millionnaire du disque le 12 janvier 1955.

64h *La Route fleurie,* opérette de Raymond Vincy, musique de Francis Lopez, partition, éd. Royalty, 1952. BnF, MUS.

64 Dalida, *Bambino,* 45-tours, 17 cm, Barclay 70068, 1956. Universal Music – division Barclay.

65 *Le Chanteur de Mexico,* affiche du film, 1958. Coll. part.

66 Gilbert Bécaud, Paris, mai 1961.

67 *C'est arrivé à 36 chandelles,* affiche du film de Henri Diamant-Berger pour les indiens Fernand Rivers, SIP, 1958. BnF, EST.

68h Boris Vian, *Chansons possibles et impossibles,* 33-tours, 25 cm, Philips 76042, 1955, Universal Music – division Philips. BnF, DAV.

68b Sacha Distel, *Scoubidou,* 45-tours, 17 cm, Philips 432349, 1959, Universal Music – division Philips. BnF, DAV.

112-113 Robert Charlebois, Renaud, Alain Souchon, Laurent Voulzy, David McNeil, Julien Clerc et Maxime Le Forestier, en concert à l'Olympia, le 27 janvier 1997, photo, Francis Vernhet.

113b Keren Ann et Henri Salvador, 16ᵉ cérémonie des Victoires de la musique à l'Olympia, 17 février 2001.

114b Bashung, 1989, photo, Pierre Terrasson.

114h Logo de Boucherie Prod.

114-115 Concert de Mano Negra aux Francofolies de 1991, photo, Pierre Terrasson.

115h Multi-interprètes, *Piaf-Fréhel : ma grand-mère est une rockeuse*, disque compact, 1992, Boucherie Prod. PIAS. BnF, DAV.

116h Billet d'entrée à un concert de Miossec, Coll. part.

116b Les Têtes raides en concert au Bataclan, affiche.

117g Matthieu Chédid, dit « M », sur le tournage du clip *Qui de nous deux*, aux studios Sets, Stains, France, 29 octobre 2003.

117d La Grande Sophie, *Kitchen Miousic, S'agrandit*, pochette disque 1997, Les Compagnons de la Têtedemort ! 08797-2, Mélodie distribution.

118 Vanessa Paradis et Patrick Bruel, aux « Restos du cœur » sur TF1.

119h Patricia Kaas au palais des Congrès avec l'Orchestre philharmonique de Paris, le 2 novembre 1985.

119b *Romeo et Juliette*, paroles et musique de Gérard Presgurvic, Universal Music (www.romeoetjuliette.net)

120 Star Academy 3 aux NRJ Music Awards, Cannes, 24 janvier 2004.

121h Thierry Hazard, *Le Jerk*, 45-tours 17 cm, 1989, CBS 6551377, Sony Music Entertainment. BnF, DAV.

121m Dany Brillant en scène au Casino de Paris, le 19 janvier 1995.

121b Le Grand Orchestre du Splendid, *Couac*, live, avril 1992, disque compact, 1992, Gos Productions 1910972, Universal Music. BnF, DAV.

122b Thomas Fersen, *Pièce montée des grands jours*, disque compact, 2003, Tôt ou tard, Warner Chappell Music France. BnF, DAV.

122h Vincent Delerm en concert à la Cigale, 11 juin 2002.

123h Benjamin Biolay en concert à l'Olympia, le 28 octobre 2003.

123b Dick Annegarn & Mathieu Boogaerts, *Vis à vis*, lundi 16 juin 1997 à Paris, L'Européen, CART'COM, Paris.

124h Sanseverino, *Le Tango des gens*, disque compact, 2002, CBS 484775, Sony Music Entertainment France.

124-125 Carla Bruni et Louis Bertignac, aux Victoires de la musique, Paris, 15 février 2003.

125h Émilie Simon, *Émilie Simon*, disque compact, 2003, Barclay 0656302, Universal Music – division Barclay. BnF, DAV.

126 Charles Trenet enregistre une chanson à la Maison de la radio, 5 février 1999.

127 Bénabar en concert à Vernier, Suisse, le 15 novembre 2003.

128 Henri Salvador en concert au palais des Congrès, Paris, le 2 juin 2004.

133 Le théâtre de l'ABC à la fin des années 1930.

139 Léo Ferré au cours d'un enregistrement.

142 Jacques Canetti en 1970.

143 Barbara, vers 1965.

INDEX

CRÉDITS PHOTOGRAPHIQUES

« SOUVENIRS, SOUVENIRS… CENT ANS DE CHANSON FRANÇAISE »

Cette exposition est présentée par la Bibliothèque nationale de France du 26 mai au 31 décembre 2004 dans la galerie du site François-Mitterrand.
DÉLÉGUÉ À LA DIFFUSION CULTURELLE Thierry Grillet.
COMMISSARIAT Élizabeth Giuliani et Pascal Cordereix.
COORDINATION GÉNÉRALE ET PRODUCTION Service des expositions de la Bibliothèque nationale de France, sous la direction de Viviane Cabannes.
CHARGÉE D'EXPOSITION Anne Manouvrier.
RÉGIE DES ŒUVRES ET RÉGIE TECHNIQUE Vincent Desjardins et Serge Derouault assisté de Paul Roth.
SCÉNOGRAPHIE ET GRAPHISME Marianne Klapisch et Mitia Claisse.

ÉDITION ET FABRICATION

DÉCOUVERTES GALLIMARD
COLLECTION CONÇUE PAR Pierre Marchand.
DIRECTION Élisabeth de Farcy.
COORDINATION ÉDITORIALE Anne Lemaire.
GRAPHISME Alain Gouessant.
COORDINATION ICONOGRAPHIQUE Isabelle de La Tour.
SUIVI DE PRODUCTION Fabienne Brifault.
SUIVI DE PARTENARIAT Madeleine Giai-Levra.
PRESSE Flora Joly et Pierre Gestède.

SOUVENIRS, SOUVENIRS… CENT ANS DE CHANSON FRANÇAISE
Avec la collaboration de Julie Wood. ICONOGRAPHIE Caterina D'Agostino assistée de Cyril Chazal.
MAQUETTE ET MONTAGE Virginie Lafon.
LECTURE-CORRECTION Pierre Granet et Jocelyne Marziou. PHOTOGRAVURE PPDL.

Bertrand Bonnieux est conservateur au département de l'Audiovisuel de la Bibliothèque nationale de France. Il a publié des articles sur la chanson dans la revue *Écouter Voir* et collaboré à plusieurs ouvrages collectifs : *Rock* (Discothèque de France, 1985), *La Chanson française des origines à nos jours* (ministère des Affaires étrangères, 1999), *Musique en bibliothèque* (Cercle de la librairie, 2002) et le *Dictionnaire de la littérature française* (Le Robert, 2004).

Pascal Cordereix est conservateur au département de l'Audiovisuel de la Bibliothèque nationale de France ; il y est responsable du service des documents sonores. Il a collaboré à l'ouvrage *Tout un monde de musiques : repérer, enquêter, analyser, conserver* (L'Harmattan, 1996) et publié plusieurs articles sur l'histoire de l'enregistrement sonore.

Élizabeth Giuliani est conservateur à la Bibliothèque nationale de France, adjointe au directeur du département de l'Audiovisuel. Elle y a coordonné l'édition du disque compact *Chansons de stars* et a pris part à la programmation des saisons musicales consacrées à « La Mélodie française ». Elle a dirigé le numéro de la *Revue de la Bibliothèque nationale de France* consacré à la Chanson française (nᵒ 16, avril 2004). Elle est, avec Pascal Cordereix, co-commissaire de l'exposition « Souvenirs, souvenirs… cent ans de chanson française ».

Ce livre a été réalisé en partenariat avec la Bibliothèque nationale de France à l'occasion de l'exposition « Souvenirs, souvenirs… cent ans de chanson française », présentée à la BnF, site François-Mitterrand, du 26 mai au 31 décembre 2004, avec le partenariat de l'INA et le soutien du Fonds d'action SACEM.

*Dépôt légal : mai 2004
Numéro d'édition : 128901
ISBN Gallimard : 2-07-031481-2
ISBN BNF : 2-7177-2301-3
Imprimé en France par IME
Nᵒ d'imprimeur : 17364*